시경
강의
1

주남周南
소남召南

시경 강의 1 : 주남·소남

발행일 초판 3쇄 2023년 12월 20일 | 초판 1쇄 2022년 2월 20일
강의 우응순 | **정리** 김영죽
펴낸곳 북튜브 | **펴낸이** 박순기 | **주소** 경기도 고양시 덕양구 소원로181번길 15, 504-901
전화 070-8691-2392 | **팩스** 031-8026-2584 | **이메일** booktube0901@gmail.com
ISBN 979-11-977503-1-1 04140   979-11-977503-0-4[세트]

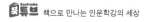 책으로 만나는 인문학강의 세상

시경
강의
1

주남 周南
소남 召南

우응순 강의
김영죽 정리

Booktube
북튜브

머리말

『시경 강의』의 서문을 쓰는 날이 오다니…. 교정지를 받아든 날부터 가슴이 뛰고 맥박이 빨라졌습니다. 오랜 꿈이 이루어진 듯. 50대 이후 가슴 뛰는 일이 별로 없었는데, 머리말을 쓰는 지금도 미세한 열감이 있고 맥박이 빠릅니다. 나의 『시경』 사랑이 일생의 외로운 짝사랑이려니 했는데, 김영죽 선생을 만나고 '우공이산' 세미나 팀이 맹활약하면서 『시경 강의』 원고가 완성되었습니다. '무형'의 것이 '현존'으로 화한다는 것이 이런 것인가, 실감하게 됩니다.

사실, 나는 별로 한 일이 없습니다. 2018년부터 2019년 상반기까지 매주 일요일 오후 2시부터 4시 30분까지 인문학당 상우에서 '시경 완독' 대장정을 완주했을 뿐. 이때도 20여 분의 학우들이 동행해 주셨습니다. 아! 생각해 보니 나의 결에는 항상 동행하는 학우들이 있었습니다. 이보다 더 큰 복이 있을까요? 고맙고 고마울 뿐입니다.

『시경』과 맺은 오랜 인연을 생각하게 됩니다. 1980년 겨울 그 엄혹했던 시간에 『시전』(詩傳)을 샀습니다. 『논어』, 『대학』, 『중용』, 『맹자』를 숨가쁘게 읽고는, "'사서'를 책걸이했으니 이제는 '삼경'이다. 『시』, 『서』, 『역』을 순서대로 읽어야지", 하면서…. 호기 있게 책은 샀지만, 차가운 곳에서 고초를 겪고 있는 친구들을 생각하면 내가 누리는 호사에 죄책감이 들었습니다. 그 시절엔 나뿐만 아니라 많은 사람들이 항상 추워했고, 미안한 마음으로 살았지요. 내 마음의 한 자락도 항상 한데 서 있었습니다.

그런데 〈관저〉, 〈갈담〉, 〈권이〉, … 시 한 편 한 편을 읽을 때마다 마음 깊은 곳에서 감출 수 없는 기쁨이 솟아났습니다. 그냥 나물 캐고, 떠난 사람을 그리워하며 남산에 오르기도 하는, 이전에 내가 읽은 시들과는 비교할 수 없을 정도로 단순한 아마추어 작품들인데…. 비평도 분석도 필요 없었습니다. 머리로 하는 생각이 없어서 좋았습니다. 그냥 나지막이 소리 내어 읽고 마음의 떨림, 그 진동을 가만히 즐기면 되었으니까요. 좋았습니다. 너무 좋았습니다. 공자가 "시삼백을 한 마디로 표현하면 '사무사'(思無邪)"라 하더니 바로 이런 것인가, 내가 시로 공자님과 통했나, 하는 불경한 생각까지 들었습니다. 20대 초반의 혈기는 이렇게 무모하지요. 지금 되돌아보면 그 치기에 어이가 없고 부끄러울 뿐입니다. 하지만 그때의 나는 '시삼백'으로 충분히 위로를 받았고 공부를 이어 갈 힘을 얻었습니다. 지금 쓰는 말로 '시 테라피'(Poem therapy)를 경험한 것이지요.

정작 선생이 된 이후에는『시경』을 온전히 읽고 강의할 기회가 없었습니다. '사서'에 짧게 인용된 작품들을 참고자료로 소개하고 그 맥락을 설명했지만 학생들의 반응은 썩 좋지 않았지요. 그때마다 역시『시경』은 '풍', '아', '송'으로 이어지는 '시삼백'의 흐름 속에서 읽고 즐겨야 하는데, 하는 아쉬움만 남았습니다. 그 이후 남산강학원, 문탁네트워크에서 8주, 16주 특강으로 『시경 선독' 강의를 진행할 기회를 얻게 되었습니다. 내 마음 깊은 곳에서 기쁨의 파동이 생생하게 다시 살아나더군요. 아! 이 기쁨을 온전히, 꽉 채운 그대로, 많은 학우들과 나누고 싶다는 강력한 원이 생겼지요. 그리고 나이 60이 넘어 완독을 감행했고, 강의 준비를 하면서 『시경』에 대한 이런저런 주석들, 해석의 차이를 비교하고 생각을 가다듬게 되었습니다. 40여 년의 시간 동안 내면에 남아 있던 20대의 파동은 여전히 막강했습니다. 몰입하여 강의 시간을 넘기기 일쑤였고, 매번 나에게 주어진 완독 기회에 무한히 감사했습니다. 지금도 그 마음은 여전합니다.『시경』완독에 동행해 주신 학인 여러분께 다시 한번 고마움을 전합니다.

나의 행복한 체험으로 멈추고 녹음자료로 남아 있던 '시경 강의록'이 예상치 않았던 거듭된 만남으로 활자로 되살아나게 되었습니다. 학우 김영죽 선생을 통해서. 처음 김 선생이 '시경 강의록'을 풀고, '우공이산' 세미나를 진행하겠다고 했을 때, 많이 망설일 수밖에 없었습니다. '강의록 정리가 얼마나 시간과 공력이 많이 드는 일인가!' 김영죽 선생의 꼼꼼하고 치밀한 성격을 알기에 더욱 망설였지요. 실력 있는 젊은 학자로 '연행록',『삼국사기』, '당시' 등등, 자신의 전공 영역에서 내야 할 책 목록이 쭉 이어져 있는 사람인데…. 그런 사람의 귀중한 시간을 빼앗아도 되나? 내가 어영부영 결정하지 못하는 사이에 20여 분이 참석하는 줌 세미나가 시작되었고, 활발한 토론으로 정해진 시간을 넘기고, 그 이후에도 단톡방 대화로 이어지고 있다는 사실을 알게 되었습니다. 지금도 '우공이산' 세미나는 진행 중입니다. 세미나 회원 여러분! 고맙습니다.

1, 2년 사이에 북튜브 출판사에서 강의록 책들을 연이어 출간했습니다. 한 권, 한 권 모두 강의자의 내공이 생생한 입말로 전달되어 한번 잡으면 쉽게 놓을 수 없었습니다. 열독 중에 나에게도 기회가 주어졌으면 하는 원이 꿈틀대더군요. 60이 넘어 건강에 자신이 없어지면서 자제했고, 거의 사그라들었던 강의록 출간을 생각하게 되었습니다. 그러던 참에 김영죽 선생이 적극적으로 나서고 북튜브 박순기 실장이 호응하여 『시경 강의』 전체 출간 계획이 잡혔습니다. 무려 10권으로. 지금 내 마음은 두렵고 기쁩니다. 완주할 수 있을까 두렵지만 김 선생, 박순기 실장과 동행하는 이 일이 즐겁기 때문입니다.

이 책을 처음 읽으시는 분들은 '왜 중간중간에 다른 이야기들이 끼어드나', 하실지도 모르겠습니다. 나와 같이 공부하신 분들은 '이게 우 선생 스타일이지', 하며 웃으시겠지만…. 지금은 돌아가신 선생님들께서 해 주신 말도 나오고, '사서'는 물론이고 『사기』, 『춘추좌전』도 인용했습니다. 너무 지나치다 싶은 내용은 과감히 덜어 냈지만 여전히 나의 강의 스타일이 생소하신 분들은 적당히 건너뛰면서 읽으시기를 권합니다.

자, 이쯤에서 무려 2600년 전 춘추시대에 공자에 의해 정리되었다는 '시삼백'을 어떻게 읽어야 하는가 하는 현실적 질문이 나올 듯합니다. '지금 시인들의 작품도 어려운데, 한자로 쓰여진 이 아주 오래된 시들을 무슨 수로 읽겠냐고', '어떻게 이런 작품을 읽으며 즐기시라, 할 수 있냐고'… 모두 맞는 말씀입니다. 문제는 한자인데, 한자의 벽만 요리조리 통과하면 그 내용은 21세기의 시보다 천 배 만 배 단순합니다. 어이없을 정도로 솔직합니다. 그냥 너무 보고 싶다고 하소연하고 나를 버린 사람을 대차게 원망합니다. 전쟁, 부역 없는 세상을 꿈꾸며, 남편과 자식에게 살아서만 돌아오라고 당부하기도 하지요. 단순하고 솔직한 마음이 담긴 시가 주는 강한 힘! '시삼백'을 읽는 기쁨이지요. 그래서 이 책의 최종 목표는 한자의 벽을 허물고 바로 시로 진입할 수 있게 많은 분들을 유혹하는 것입니다. 최대한 노력해 보겠습니다.

그래도 이 책의 교재인 『시집전』(詩集傳)을 쓰신 주자 선생이 권하는 시 읽는 방법을 내 방식으로 쉽게 바꾸어 소개하겠습니다. 우선 이 책 『시경 강의』1권에 담긴 「주남」, 「소남」의 작품을 통해 시 읽는 법을 훈련하시는 것이 좋습니다.

그래야만 나머지 13편의 '국풍'(國風), '아'(雅), '송'(頌)이 술술 넘어가거든요. 어떻게? 네 개의 단어로 된 구절과 구절이 모인 장의 글자들을 파악한 다음에는 무조건 큰 소리로 여러 번 낭송해 주십시오. 그 과정에서 목소리의 진동이 내 몸으로 골고루 퍼질 겁니다. 그때 내 마음의 움직임을 세밀히 살피시면서 감성의 에너지를 즐겨 주십시오. 사실 이것만으로 충분합니다. '흥어시'(興於詩)! 하지만 우리의 근엄하신 주자 선생님께서는 다음 단계까지 말씀하십니다. 이것이 바로 '수신'이고 '제가'라고. 공자님도 이런 말씀을 하셨지요. 가족 관계도 원만해지고 사회생활도 잘할 수 있다고.

저에게 그렇게 '시삼백'을 사랑하고 위로받았다고 하니, '수신', '제가'에도 도움이 되었냐고 물으신다면? 이제는 솔직해져야 할 나이인데요. 나의 마음과 언행을 살피고 옆사람의 입장을 헤아리는 데 '사서' 못지 않게 도움을 받았습니다. 아직도 갈 길은 아득히 멀지만요.

머리말을 쓴 후에 이 책에 '녹취 후기'로 실린 김영죽 선생의 글을 읽게 되었습니다. 새처럼 가벼운 마음으로 한없이 가볍게 머리말을 썼는데, 김 선생의 글을 읽고 숙연해졌습니다. 나에게 김 선생은 평생 공부의 길을 같이하고 싶은

귀중한 동학입니다. 그런데 굳이 제자의 자리에 서겠다고 하니 나는 어찌해야 하나? 더 단단히 공부하고 벼려야겠지요. 머리말을 진중하게 다시 써야 하나 걸을 때마다 고민하다가 그냥 '가볍게!'를 유지하기로 했습니다. 넓은 마음으로 헤아려 주십시오.

『시경 강의』 1권에 담긴 「주남」, 「소남」 25편을 통해 잠시나마 코로나로 갑갑한 여러분의 마음이 펑 뚫리기를 바랄 뿐입니다.

소남(召南), 소남 지역의 노래 157

1 이 책은 『시경』 「주남」과 「소남」 편에 대해 지은이가 강독한 내용을 담고 있습니다. 강의 녹취는 김영죽이 주도적으로 풀고 정리했으며, 〈인문학당 '상우'〉의 학인들을 중심으로 하는 '우공이산' 세미나팀에서 녹취원고를 함께 읽고, 공부하고, 토론했습니다. 녹취 정리 후기와 세미나에 참여한 학인들의 후기는 권말에 수록했습니다.

2 이 책에 실린 『시경』의 번역은 모두 지은이의 것입니다.

3 단행본의 제목에는 겹낫표(『 』)를, 『시경』과 『논어』 등의 편명, 곡명, 영화의 제목에는 낫표(「 」)를 사용했으며 각 시의 제목에는 꺾쇠괄호(〈 〉)를 사용했습니다.

4 인명·지명 등 외국어 고유명사는 2002년 국립국어원에서 펴낸 외래어표기법을 따라 표기했습니다.

들어가며 _ 『시경』은 어떤 책인가?

안녕하세요. 오늘부터 『시경』을 함께 읽어 보려고 합니다. 제가 『시경』 강의를 많이 했는데, 그동안 장기 강좌를 통해서 완독을 한 적은 없는 것 같아요. 그래서 이번 강좌에서 『시경』 전체를 함께 완독하게 되어 말할 수 없이 기쁩니다. 우선 첫번째 섹션에서는 『시경』의 시작인 「주남」과 「소남」부터 시작해 보도록 하겠습니다.

채집된 민간가요

본격적인 본문 읽기에 앞서 『시경』이 어떤 책인지 먼저 살펴보면서 시작을 해야겠지요. 우선 『시경』은 고대 중국에서 오랜 기간 입으로 전해지던 민간가요가 문헌으로 정착된 것입니다. 『서경』, 『주역』과 같이 기원전 10세기 무렵에 문헌으로 정착되었다고 하고요. 춘추시대에 이르러 공자가 3,000수의 작품을 300수로 정리했다고 전해집니다. 그 이후부터 『시경』을 '시삼백'(詩三百)이라고 부르기도 하고요. 이렇게 민간가요를 모으는 데서 시작한 『시경』은 기원전 136년에 한무제(漢武帝)가 『서경』, 『주역』, 『춘추』, 『예기』와 함께 오경(五經)으로 선정하고 '오경박사' 제도를 만들면서 국가 차원에서 경전으로 확고하게 자리를 잡게 됩니다.

　　한마디로 『시경』에 실린 시들은 원래 민요였다는 말입니다. 사람들이 여럿이 또는 혼자 노래를 부르기 시작한 것은 까마득한 옛날의 일이겠지요. 사람들은 사랑을 할 때도, 일을 할 때도 노래를 부릅니다. 그래서 『시경』의 작품을 해석하는 두 가지 입장이 있어요. 노동요 아니면 유희요로서의 『시경』인 거죠. 그런데 이건 『시경』뿐만 아니라 전 세계적으로 모든 문학의 '처음'을 이야기할 때 나오는 말이기도 합니다. 노동할 때 노래했는가, 연애할 때 노래했는가 하는 거지요. 예컨대 '나물 캐는 아가씨가 부른 노래'(〈권이〉)를 노동요로 볼 것인가, 연애시로 볼 것인가 하는 쟁점이 있는 겁니다. 나물 캐는 노동을 하면서도 연애의 감정이 일어나잖아요. 아무튼 『시경』은 엄숙한 책처럼 보이지만 사실은 민간가요라는 것을 꼭 기억해 두시고요.

그런데 이 민간가요는 처음에 어떻게 문헌화가 되었을까요? 학자들은 대개 지배층, 혹은 왕이 지지도를 확인하기 위한 수단으로 관리들을 파견해서 채집했을 거라는 이야기를 합니다. 떠도는 노래 속에는 지금의 왕이 정치를 잘하는지 못하는지 평가가 들어 있다고 생각한 것이고, 이런 이유에서 관리들이 시를 채집하고 왕에게 바쳤다는 거지요. 그리고 이렇게 바쳐진 노래 일부가 편곡을 거쳐서 궁중 음악이 되기도 했답니다.

『시경』의 체제

『시경』의 시들은 크게 풍(風), 아(雅), 송(頌)으로 구분이 됩니다. 백성들이 불렀던 노래를 '풍'(風)이라고 합니다. '바람 풍' 자로 민간의 가요를 상징한 것이죠. 이렇게 채집한 음악 중에서 궁중 음악이 된 건 '아'(雅)라고 해요. 이 '아'(雅) 자에는 '고상하다'라는 뜻이 들어 있지요. 그리고 또 일부는 나라에서 제사를 지낼 때 썼는데요. 이걸 '송'(頌)이라고 합니다. 일종의 찬가(讚歌)라고 할 수 있습니다. 그런데 『시경』을 앞에서부터 읽기 시작하면, 한참 동안은 '풍'을 읽으셔야만 합니다. '풍'은 15개의 제후국에서 채집한, 전국의 민요를 망라한 것으로 설정되어 있어서 분량이 상당하거든요.

공자가 정리한 삼백 편?

우리가 공부를 하다보면요, 『시경』, 『서경』, 『주역』, 『춘추』
모두 다 공자와 관련이 있습니다. 그 중에서 『시경』은 원래
3,000수 정도가 있던 걸 공자가 300수로 정리했다는 이야기
가 전해져 오죠. 그런데 저에게 그 사실이 "확인 가능하냐?"
고 물어보신다면요, "아니요"라고 대답을 하고 싶어요. 역
사적으로 확실하게 밝힐 수 있는 사실은 아니라는 것이죠.

하지만 『논어』 「위정」 편을 보면 '시삼백'(詩三百)이라는
말이 나오고 있습니다. 공자는 68세(BC 484)에 14년간의 유
랑을 마치고 고향인 노(魯)나라로 귀국합니다. 그 이후 문헌
을 정리하는 일에 집중하는데요. 공자님 손을 거쳐 당대에
방대하게 남아 있던 시들이 300편 정도로 정리되었을 거라
는 근거이기도 하지요. 그런데 3,000수를 300수로 정리했다
니, 나머지 2,700수가 너무 아깝다는 생각이 들죠. 공자님은
이 시들을 왜 버리셨던 걸까요? 민간가요가 너무나 솔직한
연애시였기 때문에 점잖으신 공자님이 버린 걸까요? 사실
『시경』 강의를 할 때마다 '이처럼 야한 작품을 어찌 번역해
야 하나?' 고민할 때가 많습니다. 그런데 제가 젊은 시절 배
웠던 선생님들께서는 이 시들을 그냥 '실감 안 나게' 무덤덤
하게 번역하셨어요. 그래서 이렇게 야한 줄은 몰랐지요. 나

중에 보니까 상당수의 작품들이 19금인 겁니다. 미리 좀 말씀을 드리자면, 가령 '먹는다'[食]는 이야기가 나오면 대부분 성적인 걸로 해석을 해야 합니다. 식(食)이 바로 색(色)인 거죠. 그런데 아주 자주 나옵니다. 그때마다 이걸 어떻게 번역해야 할지 고민이 되는 거죠.

어쨌든 공자님이 내용 때문에 2,700수의 시들을 없앴다는 설이 있는데요. 그런데 저는 이 설을 지지하지 않아요. 제 생각에는 중복된 작품이 많았을 것 같습니다. 민요니까요. 이런 이유로 편집했을 것 같아요. '사서'(四書)나 『열녀전』(列女傳), 『좌전』(左傳) 등에 인용된 시들 가운데 현재 『시경』에 없는 작품들이 있어요. 그것을 일시(逸詩)라고 해요. '일'(逸)은 없어졌다는 뜻이지요. 이렇게 없어진 작품들이 있는데, 생각보다 그 양이 많지 않거든요. 그걸 보면 공자님이 내용 때문에 없앴다기보다는 중복된 작품들을 깔끔하게 정리한 것이 아닌가 하는 생각이 드는 거죠.

판본에 대하여

이제부터 『시경』이라는 책을 구체적으로 살펴볼 텐데요. 원래 『시경』의 판본은 여러 가지가 있었습니다만(노시魯詩·제시齊詩·한시韓詩), 『모시』(毛詩)가 살아남아서 오늘까지 전해지고 있어요. 모형(毛亨)이라는 사람이 정리하고 주석한 판본이어서『모시』라는 이름이 붙은 것인데요. 이 판본은 한나라 때 완성되었지요. 그 이후『시경』에 주석을 다는 일은 여러 사람이 했지만 지금까지 남아 있는 판본은『모시』한 종류입니다. 우리나라에서도 고려시대까지는 모형이 주석을 달고, 당나라 때의 대학자 공영달(孔穎達, 574~648)이 편찬한『모시정의』(毛詩正義)를 읽었어요. 그런데 조선시대로 들어서면서 남송의 대학자 주자(朱子, 1130~1200)가 주석한『시집전』(詩集傳)이라는 책으로『시경』을 읽게 되었습니다.『모시정의』에서『시집전』으로 교과서가 바뀐 셈입니다.

『시집전』의 '집'(集) 자는 여러 사람의 해석을 모아 놓았다는 뜻이에요. 줄여서『시전』(詩傳)이라고도 하고요.『시전』은 각설이 타령에도 나옵니다. "네 선생이 누구신지/ 날보다도 더 잘하네, 시전 서전 읽었는지 유식하게 잘한다…" 하면서요. 여기서 말하는『시전』이 바로 주자가『시경』에 주석을 달아서 1186년(57세)에 판각한 책입니다. 중국에서는 원나라부터, 우리나라에서는 조선시대부터『시경』을 배우는 교과서로서 이 책을 사용했지요. 그러니까 과거시험을 보는 사람들은 이『시집전』을 공부해서 답안지를 써야 했습니다. 주자는 이『시집전』에서 여러 사람의 주석을 검토하고 정리하는 동시에 자신의 입장을 밝혔습니다. 주자의 주석에 대해서는 이후 공부하면서 차근차근 살펴보도록 하지요.

　　주자가 주석을 단 『시전』의 맨 앞을 보면 「시경집전 서」(詩經集傳 序)가 나오는데요. 이 글은 주자가 쓴 글로, 명문 중의 명문으로 꼽힙니다. 글은 주자가 스스로 묻고 스스로 대답하는 형식으로 되어 있어요. 주자의 문학론으로서 아주 중요한 글인데, 지금은 읽지 않고 나중에 기회가 되면 함께 읽어 보면 좋을 것 같아요. 우선 시의 맛을 본 후에요.

탁월한 주석가, 주자

그래도 우리가 『시전』으로 '시삼백'을 읽으니까, 주자의 학문에 대해서는 잠시 이야기하고 넘어가는 것이 좋을 듯합니다. 주자의 학문은 사서(四書 : 『논어』, 『맹자』, 『대학』, 『중용』)에 주를 달면서 한 번 완성이 됩니다. 그 작업이 20세에 시작하여 63세까지 이어지니 40여 년이 걸렸어요. 이처럼 자신의 학문체계를 갖는다는 것은 일생의 과업이지요. 어쨌든 이렇게 뼛골 빠지게 공부해서 '사서'에 주를 단 겁니다. 주자가 이렇게 정리해 내기 전에는 '사서'라는 책 묶음이 없었어요. 주자가 네 권의 책을 묶고 주석을 달면서 동아시아 사상과 일상을 지배한 사서 체계가 만들어진 것입니다. 이 작업을 하는 과정에서 주자는 『시』(詩), 『서』(書), 『역』(易)에 주석을 다는 작업도 병행합니다.

　　그런데 『역』에 주석을 달면서는 좀 어려움을 겪었던 것 같아요. 주자가 『역』에 대한 공부는 40대부터 꾸준히 해왔었는데요. 책을 만들었는데, 정이천(程伊川, 1033~1107) 선생의 책 『역전』(易傳)이 너무 뛰어났던 거예요. 그래서 자신이 풀었던 것을 한 번 없앴지요. 그리고 다시 착수! 그러다 보니 『역』과 관련한 주석 작업을 20년 동안 했습니다. 마찬가지로 『시경』의 주석 작업도 계속합니다. 「연보」를 보면 30세(1159)에 『모시집해』(毛詩集解)를 짓기 시작했고 48세(1177)에 서문까지 썼다고 하는데 아쉽게도 이 책은 전하지 않습니다. 그런데 『모시집해』를 완성한 바로 다음 해(1178, 49세) 여름에 주자는 『시집전』 저술을 시작합니다. 자신의 시각으로 다시 '시삼백'을 주석하고 해석하고자 한 것이지요. 대단하신 분이지요? 결국 57세에 『시집전』을 완성하여 판각까지 합니다. 그런데 서문은 48세에 쓴 『모시집해』 서문을 그대로 썼습니다. 그리고 「시서변설」(詩序辨說)을 새로 써서 발문으로 삼았지요. 그러니 주자의 책은 어떤 책이든 보통 수십 년에 걸친 공부의 결과물인 것이지요.

　　주자는 그다음으로 『서경』에 주석 작업을 하려고 했는

데요. 이 작업은 완성하지 못했어요. 왜 못했는가에 대해서는 두 가지 설이 있습니다. 하나는, 상당히 많은 분량을 해 놓았지만, 끝내지 못했다는 것이고요. 다른 하나는, 초고를 완성했는데 출간할 수가 없었다는 것입니다. 왜냐하면 주자가 65세 무렵부터 요샛말로 '반정부 인사의 괴수'로 몰려서 사회생활, 학문생활을 금지당했기 때문입니다. '위학'(僞學), 즉 거짓 학문을 이끄는 우두머리로 사직을 위태롭게 한다는 이유로 『사서집주』와 『어록』이 금서가 되었답니다.

　지금 놀라는 분들이 계시군요. 고리타분한 학자로 알았던 주자가 급진파로 지목되어 탄핵, 파직되었다니…. 당시 주자와 그의 지지자들은 파직되고 귀양 가고…. 한 마디로 '생난리'가 났답니다. 당시에 주자의 철학은 급진좌파였던 것이지요. 왜냐구요? 모든 사람이 자신을 바꾸고 세상을 바꿀 힘을 가지고 있다고 했으니까요. 네, '신민'(新民)이지요. 그래서 『서경』 주석을 완성할 수 없었다는 것이 유력한 설입니다. 그런 상황에서 70세까지 살다 돌아가셨는데요. 현재 나와 있는 『서경집전』은 제자 채원정(蔡元定, 1135~1198)의 아들로, 역시 주자에게 수학한 채침(蔡沉, 1167~1230)이 완성한 책이에요. 주자는 '사서삼경' 전체에 주석을 다는 작업을 하고 싶었는데, 그렇게 하지는 못했던 거죠.

이렇게 주자는 말년에 탄핵당하고 '아무것도 하지 말고 집에만 있으라'라는 명을 받았는데, 이때 무엇을 하셨을까요? 조용히 '네' 하고 가만히 계실 분이 아니지요. 이때 주자는『초사』(楚辭)에 주를 달았습니다.『초사』는『시경』과 함께 중국 시문학의 양대 산맥이거든요. 황하 유역의 문화는『시경』이고, 양자강 유역은『초사』입니다.『시경』에는 이미 주석을 달았고, 이번에는 굴원(屈原)부터 시작하는『초사』에 주를 단 것이지요. 그래서『초사집주』라는 책이 전해집니다. '위학', 거짓 학문을 했다고 비난받았지만, 집에서 조용히 시 주석 작업을 하는 것은 누가 뭐라 하겠어요. 우리도 감옥에서 공부하며 대가가 되신 신영복 선생님이 계시잖아요.

이 외에도 주자는 한유(韓愈, 768~824)의 문장을 교정보고 주석을 달아『한문고이』(韓文考異)도 완성합니다. 당시에 한유도 사상가가 아니라 문장가로 여겨졌기 때문에 괜찮았던 겁니다. 그러니 공부하지 말란다고 '네' 하면서 책 덮으면 그대로 바보 되는 거지요. 방향을 살짝 틀면 괜찮아요. 거기에 원망하는 말을 많이 집어넣으면 되는 겁니다. 특히,『초사』에는 원망하는 말이 많거든요. 그래서 내가 지금 시대를 원망하는 게 아니라 굴원이 원통해한다는 식으로 깨알같이 표현을 해놓는 겁니다. 비판하는 말을 직접적으로 써서 잡혁가고 그러는 건, 이 바닥에선 B급인 겁니다. 주자의 마지막 선택이 『초사』였다는 점은 이렇게 의미심장한 면이 있고요. 주자는 이처럼 충실하게 꽉 채워 살다 가셨어요. 끝까지! 그러면 되는 거겠죠.

그런데 주자는 말년에 이렇게 고생을 했는데, 주자학이 어떻게 관학(官學)이 되었을까요? 제자들이 모두 미친 듯이 선생을 복권시켰기 때문입니다. 선생이 복권되어야 자신들이 활동할 수 있으니까요. 돌아가신 지 8년 만에 복권되는데요. 아마도 제자들이 로비를 했으리라 봅니다. 주자 제자들 중에는 유력자가 많았어요. 남송 말기에 환관세력이 권력을 휘어잡았는데, 그 환관들에게 로비한 것 같습니다. 복권의 속도가 빨라도 너무 빨랐거든요. 주자가 복권되자마자 제자들이 바로 중앙에서 관료로 출세합니다. 1313년에는 과거제가 부활하면서 주자의 학문이 관학으로 공식 인정을 받고요.

『시경』의 활용법: 단장취의

『논어』,『맹자』,『대학』,『중용』,『좌전』,『열녀전』등 수많은 문헌에서 『시경』을 인용하고 있습니다. 그런데 이렇게 인용할 때, 시 전체를 가져오는 것이 아니고, 작품의 일부(주로 2~4

구절)만을 인용하여 글의 맥락에 따라 재해석하는 경우가 많죠. 게다가 이렇게 인용할 때, 시의 본래 맥락에 구애받지도 않습니다. 인용자의 의도에 맞게 활용할 수 있는 구절이라면 과감히 가져다 쓰는 거죠. 따라서 『시경』이 인용될 때에는 시 본래의 전체 맥락보다는 인용자의 의도를 읽고 푸는 것이 중요합니다.

이런 것을 '단장취의'(斷章取義)라고 합니다. '단장취의'에서 '의'(義)는 '의미'라는 뜻으로 문장에서 일부분을 끊어내어 의미를 취한다는 뜻입니다. 그래서 『시경』 자체를 이해하고 즐기는 것과 이 시를 다른 문헌에서 어떻게 활용했는가 하는 것은 별개로 보셔야 합니다. 이런 맥락을 알고 『시경』을 공부하고 나면, 『대학』이든 『맹자』든 『좌전』이든 『열녀전』이든 거기에 시가 얼마든지 나와도 겁먹지 않을 수 있습니다. '흠, 단장취의해서 이렇게 써먹었군!', 하면서요. 슬기로운 시 활용법이지요.

더 알아보기 _ 『논어』와 『시경』

『시경』에 대한 최초의 비평가는 공자라 할 수 있습니다. 이렇게 말할 수 있는 것은 『논어』에 『시경』에 대한 이론적인 언급이 풍부하기 때문입니다. 공자님이 『시경』에 대해 어떤 말씀을 남기셨는지 보는 것도 『시경』 이해에 많은 도움이 될 수 있어서, 『논어』에서 언급된 『시경』 관련 문장들을 훑어본 뒤에 본문으로 들어가도록 하겠습니다.

① 子所雅言, 詩·書·執禮, 皆雅言也.(述而, 7-17)
　자 소 아 언　 시　 서　 집 례 　개 아 언 야 　술이

　공자께서 평소에 늘 말씀하시던 것은 『시경』·『서경』과 예를 행하는 것이었다. 이것을 늘 말씀하셨다.

'아언'(雅言)은 '평소에 하던 말'이란 뜻이죠. 공자께서 평소에 하던 말이 시와 서, 그리고 집례(執禮: 예를 실천하는 것)였대요. 공자는 매일매일 학생을 가르치셨는데, 도대체 뭘 가르치셨을까, 궁금하잖아요? 모든 선생님은 교재가 필요하지요. 바로『시』,『서』, 집례(執禮)가 공자님의 교과서였다는 겁니다. 그러니까 우리가『시경』을 공부하면 공자님과 교과서를 공유하는 셈입니다.

② 子曰: 興於詩, 立於禮, 成於樂.(泰伯, 8-8)
　　자왈　흥어시　립어례　성어악　태백

　　공자께서 말씀하셨다. 시에서 감정을 흥기시키고 예를 행해 사
　　회생활을 하고 음악을 통해서 완성된다.

"흥어시, 립어례, 성어악"(興於詩, 立於禮, 成於樂). 이 구절은 지금 바로 외워 두시면 좋겠네요.『논어』에서 공자의 교육방법이 드러난 부분인데요. 동양 교육법의 표준처럼 여겨져 온 구절입니다. 이 구절을 보면 동양의 교육론은 무엇으로 시작을 하죠? 네, 시(詩)로 시작해요. 이 시(詩)가 바로『시경』을 말하는 겁니다.『논어』의 문장을 한 구절씩 뜯어 볼까요?

흥어시(興於詩): 시에서 '흥'(興), 즉 감정을 일으킵니다. 교육이란 감성이 없으면 깊이 들어가질 않지요. 사람의 마음이 딱딱

하게 굳어 있는데, 무슨 두뇌 활동이 있겠어요. 수업 내용이 받아들여지지 않는 겁니다. 그래서 '시에서 흥한다'는 것은 시가 교육받는 학생의 마음을, 감성을 불러일으킨다는 말이에요. 지금도 어린아이들에게 동요를 그냥 외우게 하잖아요? 이게 최고의 교육법인 겁니다.

립어례(立於禮): 그다음에는 예를 가르쳐야 합니다. 요새로 말하면 예절교육인 거죠. 아이들이 아무 때나 교실을 막 뛰어다니게 놔두면 안 되잖아요? 이럴 때 '립'(立) 자를 쓰는 건 사회생활을 한다는 뜻이지요. '예(禮)를 안다'는 뜻과 통해요. '예', 곧 공동생활의 규칙을 알아야 사회생활을 하지요.

성어악(成於樂): 인간은 음악으로 대표되는 높은 수준의 예술적 감수성을 통해 완성됩니다. 여기서 음악이라고 말하는 '악'(樂)은 요즘으로 치면 '예술'이에요. 사람은 누구나 이걸 지니고 있어야 합니다. 그래서 '성어악'이라 한 거지요. 음악이 추구하는 건 무엇일까요. '화'(和), 다시 말해 '조화'입니다. 나의 내면과 외부의 조화. 나와 타자의 조화. 나와 이 세상, 나와 우주와의 조화…. 예술을 통해서 우리의 정신이 이런 최고의 수준까지 갈수 있다는 말입니다.

③ 子曰:"小子何莫學夫詩? 詩, 可以興, 可以觀,
　　자왈　　소자하막학부시　시　가이흥　가이관

可以羣, 可以怨. 邇之事父, 遠之事君,
가이군　가이원　이지사부　원지사군

多識於鳥獸草木之名".(陽貨, 17-9)
다식어조수초목지명　양화

공자께서 말씀하셨다. "제자들아! 왜 『시』를 배우지 않느냐?
『시』는 감흥을 일으킬 수 있고, 세상 사는 모습을 볼 수 있고, 여
러 사람과 어울릴 수 있고, 정치하는 사람들에 대해 원망할 수도
있다. 가까이는 부모님을 제대로 섬길 수 있고, 멀리는 군주를
제대로 섬길 수 있다. 새와 짐승, 풀과 나무의 이름도 많이 알 수
있다."

'소자'(小子)는 제자들을 부르는 말입니다. "제자들아! 왜 시
를 배우지 않느냐?"라고 말씀하고 계시네요. 이 문장을 읽으면
좀 위로가 되지요. 공자의 제자들이 생각보다 공부를 제대로 안
한 거예요. 『논어』를 보시면, 제자가 시를 인용할 때 공자가 바로
칭찬을 해요. 시를 인용해서 칭찬받은 사람이 바로 자공(子貢)이
지요. 자공 말고는 시를 별로 이야기하지 않죠. 공자님은 심혈을
기울여 가르치셨는데, 제자들이 생각보다 열심히 공부하진 않았
다고 볼 수도 있습니다.

　　그래서 공자님께서는 제자들에게 왜 시를 읽어야 하는가를
다시 한번 이야기해 줍니다. 시를 배우면, '가이흥'(可以興), '가

이관'(可以觀), '가이군'(可以群), '가이원'(可以怨)할 수 있다고 했어요. 이 문장은 줄여서 '흥관군원'(興觀群怨)이라고 사자성어로도 쓰입니다. 하나씩 살펴볼까요. 먼저 '가이흥'은 '흥할 수 있다'는 뜻입니다. 아까 흥어시(興於詩)라고 했지요? 시를 통해서 우리는 무디어진 감성을 계발할 수 있습니다. 감흥이 없는 사람은 만나면 좀 괴롭죠. 서로의 감정이 연결되지 않으니까요.

'가이관'은 '볼 수 있다'는 뜻인데, 세상이 어떻게 돌아가는가를 문학을 통해 볼 수 있다는 거예요. 지금의 세태가 유행가라든가 드라마와 같은 매체에 반영되는 것과 마찬가지입니다. 그래서 동양의 예술론은 기본적으로 세태 반영론이에요. 그리고 이것을 적극적으로 해석하는 사람들은 거기서 '정치 상황을 알 수 있다'고도 하는 겁니다.

'가이군'은 '무리 지을 수 있다'는 뜻이고요. 이는 곧 사회생활을 할 수 있다는 말이에요. 사람이 사회성이 있어야 매력이 있지요. 그래야 사귈 맛이 납니다. 시나 소설도 이야기할 수 있고, 지적인 대화도 가능해야지, 만났는데 매번 주식이니 비트코인, 영끌, 이런 이야기들만 하면 그런 사람은 지겨워서 못 만나요. 매일 맛집만 얘기하는 사람도 참 피곤하죠. 어쨌든, '가이군'은 어울릴 수 있다. 사회생활을 할 수 있다, 이런 뜻입니다.

마지막으로 '가이원'은 '원망할 수 있다'는 뜻인데, 요새 우리

말로 바꾸면 비판할 수 있다는 의미입니다. 살다 보면 욕할 사람 많죠. 정치가도 욕할 수밖에 없고, 남편도 맘에 안 들고, 자식도 맘에 안 들죠. 그런데 이런 부분들을 단도직입적으로 얘기하면 인간관계가 한순간에 싹 정리돼요. 나중엔 결국 나만 남지요. 그러니까 시를 통해서, 넌지시, 간접적으로 얘기하는 거예요. 이런 감정들을 시로 노래하면 원망도 해소되고 사람들에게 자극도 줄 수 있습니다. 자, 이렇게 공자님이 시의 효용을 다 이야기해 주었습니다.

그다음, 이런 구절이 나오죠? '이지사부, 원지사군'(邇之事父, 遠之事君). '이지사부'의 '이'(邇)는 가깝단 뜻이고, '사'(事)는 섬긴다는 뜻이에요. '가까이는 아버지를 섬긴다'라는 뜻인데, 여기서 '부'(父)는 부모님 모두를 칭하지요. 저는 시로써 부모님을 섬긴다는 이 부분이 굉장히 중요하다고 생각합니다. 부모 자식 간에도 감성적인 통로가 있어야 관계가 유지되지요. 지금 우리는 이걸 놓치고 있는 경우가 정말 많아요. 아들, 딸이 공부만 잘한다고 내 아들, 내 딸이 되는 건 아니잖아요. 서로 감성의 공감대가 있어야 부모 자식 관계가 원만히 유지될 수 있어요. 이렇게 시를 배우면 가까이는 부모님을 섬길 수 있고, 멀리는 '사군'(事君), 군주를 섬길 수 있다고 해요. 지금으로 치자면 직장 상사와의 관계라고 할 수 있을 텐데요. 업무적인 소통 외에 감성적인 소통의 구조가 있어야 직장생활도 잘할 수 있겠지요. 이렇게 시를 배우면 가까이는 부모님을 제대로 섬기고, 멀리는 군주(윗사람)를 섬길 수 있다는 겁니다. 아주 실용적이지요?

마지막으로 '다식어조수초목지명'(多識於鳥獸草木之名)이라는 구절이 나오죠.『시경』을 읽으면 새, 짐승, 풀, 나무 이름도 많이 알 수 있다고 합니다. 그럴 수밖에 없는 것이,『시경』엔 나무와 나물, 새나 짐승의 이름들이 정말 많이 나와요. 꾀꼬리, 갈매기, 기러기 등등. 옛날에는『시경』으로 동식물도감을 대신한 거예요. 굉장히 실용적이지요. 우리가 지금도 시를 지을 때면 자연물을 가지고 시를 짓잖아요? 이와 같은 것이라 보시면 됩니다.

④ 子曰:"誦詩三百, 授之以政, 不達, 使於四方,
   자왈　 송 시 삼 백　 수 지 이 정　 부 달　 시 어 사 방
   不能專對, 雖多, 亦奚以爲?"(子路, 13-5)
   불 능 전 대　 수 다　 역 해 이 위　　자로

공자께서 말씀하셨다. "'시삼백'을 외우더라도 정치를 맡겼을 때 제대로 해내지 못하고, 사방의 나라에 사신으로 가서 혼자 대처하지 못한다면, 비록 많이 외운다 하더라도 어디다 쓰겠느냐?"

이 문장은요.『논어』「자로」편에 나오는 얘기인데, 지금도 국가의 정상들이 만나면 시를 읊지요. 시진핑이 자주 그렇게 하지

요. 옛날에도 똑같았습니다. 외교는 굉장히 복잡하고 미묘한 상황이라 말을 할 때 확답을 할 수가 없어요. 그러니까 시를 읊는 거예요. 각자 나라로 돌아와서 그 시가 무슨 뜻인지 공부하고 해석하고 하는 겁니다. 시라는 게 포괄적이면서 여러 의미를 담고 있어서 이런 것이 가능하죠. 『좌전』에서 군주들이 만났을 때 서로 시로써 회담을 하는 걸 보면 이 구절의 의미가 쉽게 다가오는데요. 그런 경우에 군주가 엉뚱한 시를 읊으면 안 되잖아요? 그래서 옆에 유능한 참모가 딱 붙어 있는 겁니다. "이럴 땐 이런 시를 읊으십시오"라고 코치를 하는 거예요. 시가 중요한 외교 수단이었던 거죠. 그러니 '시삼백'을 달달 외우지 않으면 고위 외교관이 될 수 없어요. 이 문장은 바로 그 얘기입니다. '시삼백' 정도 외웠으면 정치를 잘해야 하는 게 당연합니다. 사람 마음을 잘 헤아릴 수 있으니까요. 그런데, '시삼백'을 외우는 사람이라 해서 정치를 맡겼더니 능수능란하게 하지 못해요. 이러면 그의 능력에 문제가 있는 거지요.

'시어사방'(使於四方)의 '使'는 '사'가 아니라 '시'로 읽습니다. '사신으로 간다'는 뜻으로 쓰일 땐 '시'로 읽지요. '사방에 사신으로 갔는데 능히 전대(專對)하지 못한다'라 할 때 여기서 '전대'란 '오로지 전'(專) 자에, '대답할 대'(對) 자를 쓰는데요. 그야말로 전적으로 자기가 다 주도하고 책임지는 겁니다. 외교란, 군

주를 수행하는 경우도 있지만 사신 혼자 가기도 하잖아요? 그러면 어떤 상황이 벌어졌을 때 그때그때 판단을 해서 적절히 대처를 해야지요. '전적으로', 자기가 다 책임지는 겁니다. 그런데 '불능전대'(不能專對), 즉 전대하지 못한다면, '시삼백'을 다 외우고 있다 한들 어디다 써먹겠냐는 거지요.

이렇게 시란 실용적인 것입니다. 지금은 정치학과나 행정학과에서 문학 공부를 안하지요. 하지만 반드시 해야 합니다. 미국의 몇몇 대학에서 문학을 가지고 법 공부를 한다는 얘기를 들었어요. 『시적 정의』를 비롯한 많은 책을 쓴 마사 누스바움(Martha C. Nussbaum)은 법학 전공자인데요. 주로 문학작품을 갖고 수업을 해요. 우리나라에도 그런 분들이 계시긴 합니다. 법학 수업인데, 영시(英詩)나 영화를 활용해 수업을 하더라고요. 좋은 방향인 것 같아요.

⑤ 陳亢問於伯魚曰: "子亦有異聞乎?" 對曰:
　　진항문어백어왈　　자역유이문호　　대왈

"未也. 嘗獨立, 鯉趨而過庭. 曰: '學詩乎?' 對曰:
　미야　상독립　리추이과정　왈　학시호　대왈

'未也.' '不學詩, 無以言.' 鯉退而學詩. 他日,
　미야　불학시　무이언　리퇴이학시　타일

又獨立, 鯉趨而過庭. 曰: '學禮乎?' 對曰: '未也.'
　우독립　리추이과정　왈　학례호　대왈　미야

'不學禮, 無以立.' 鯉退而學禮. 聞斯二者."
　불학례　무이립　리퇴이학례　문사이자

陳亢退而喜曰:"問一得三, 聞詩聞禮,
진 항 퇴 이 희 왈   문 일 득 삼 문 시 문 례

又聞君子之遠其子也."(季氏, 16-13)
우 문 군 자 지 원 기 자 야   계 씨

진항이 백어에게 물었다. "그대는 또한 아버지께 남다른 것을 들은 적이 있습니까?" 백어가 대답하였다. "없습니다. 일찍이 홀로 서 계실 때에 제가 종종걸음으로 뜰을 지나는데, '시를 배웠느냐?' 하고 물으시기에 '아직 배우지 못했습니다'라고 대답한 적이 있습니다. '시를 배우지 않으면 사람들과 말을 나눌 수 없다'고 하셔서 제가 물러나 시를 배웠습니다. 다른 날에 또 홀로 서 계실 때에 제가 종종걸음으로 뜰을 지나는데, '예를 배웠느냐?' 하고 물으시기에 '아직 배우지 못했습니다'라고 대답한 적이 있습니다. '예를 배우지 않으면 사회생활을 할 수 없다'고 하셔서 제가 물러나 예를 배웠습니다. 제가 들은 것은 이 두 가지입니다."

진항이 물러 나와 기뻐하면서 말하였다. "하나를 물어서 세 가지를 들었으니, 시에 대해 듣고 예에 대해 들었으며, 또 군자가 자기 자식을 멀리한다는 것을 들었노라."

백어는 공자의 아들이에요. 진항이라는 제자가 백어에게 아버님께 '특별히 들은 것'[異聞]이 있는지 물어보고 있죠. 공자의 제자들은 '선생님은 아들에게 특별한 것을 가르치지 않을까?' 생각했나 봅니다. 보통은 그렇게 생각하겠죠. 그랬더니 백어가 대

답합니다. "아닙니다"[未也]. 공자님은 자식이라고 해서 특별히 가르치지는 않은 겁니다. 정말로 자식을 부모가 직접 나서서 가르치면 자식과의 관계가 원만해지기가 어려워요. 자식은 친구 집에 보내 교육시키는 게 좋습니다. '역자교지'(易子敎之)라는 유명한 말이 있는데, 즉, '자식을 바꾸어서 가르친다'는 뜻입니다. 내 자식 내가 가르치다 보면 열불이 나죠. 또 자식에겐 훌륭한 내용을 가르쳐도 나 자신이 훌륭하게만 살지는 못하잖아요. 자식이 만일 "엄마도 그렇게 못 하면서 나한테만 그러세요? 엄마도 공부 안 하시면서 나한테만 왜 그러세요?" 이러고 나오면 어쩝니까? 교육이 잘 안 되겠지요.

그러면서 백어가 덧붙입니다. "일찍이 아버님이 혼자 서 계셨을 때 제가 종종걸음으로 뜰을 지나가게 되었습니다"[嘗獨立, 鯉趨而過庭]. 이 문장에서 '리'(鯉)는 백어의 이름이에요. '추'(趨)는 어른들이 서 계시거나 하면 자식이나 제자들이 그 앞을 지날 때 종종걸음으로 걸어서 지나가는 것을 말해요. 느긋하게 걸으면 안 됩니다. 요새는 아무도 이렇게 하지 않지만, 얼마 전까지만 해도 이런 것이 기본 예의였죠. 그리고 '종종걸음으로 뜰을 지나간다'라는 뜻의 '과정'(過庭)은 『논어』에 이렇게 쓰이면서 가정교육을 뜻하는 단어로 굳어지게 됩니다. 이후 쓰이게 되는 '과정'이라는 말의 원출전이 여기입니다. 그래서 "제가 과정(過庭)이 부족합니다." 이렇게 말하면, "집에서 부모님께 제대로 배우지 못했습니다"라는 뜻이 되는 거지요.

어쨌든 공자가 이렇게 뜰을 지나가고 있는 백어를 보고 말합니다. "시를 배웠느냐?" 공자는 제일 먼저 '시를 배웠는지' 묻는군요, 역시! 백어가 "아닙니다!"라고 대답합니다. 그랬더니 공자는 "시를 배우지 않으면 말을 제대로 못한다"라고 하네요. '말을 못한다'라는 것은 '어울리지 못한다'라는 뜻이기도 합니다. 아까 '가이군'(可以群)이라는 말이 있었지요? 이것과 통하는 말입니다. 시를 배워야 다른 사람과 대화를 나눌 때 '아! 사귈 만한 사람이구나'라는 확신을 줄 수 있고, 이래야 사회생활을 할 수 있었던 거예요. '시를 배우지 않으면, 말을 하지 못한다'는 말은 '시 없이는 대화가 풍성해지지 못한다'는 것입니다. 그래서 백어는 물러나 시를 배웠다고 합니다. 다른 날, 공자가 또 홀로 뜰에 서 있는데 백어가 그 앞을 지나갔지요. 그랬더니 묻습니다. "예를 배웠느냐?" 백어의 대답은 같지요. "아닙니다." 공자는 "예를 배우지 않으면 자립하지 못한다"라고 합니다. 자립하지 못한다는 건 뭘까요? 사회생활을 제대로 하지 못한다는 뜻입니다. 우리가 공동체의 규칙인 예를 알아야 사회생활을 하지요. 그래서 백어는 물러나 예를 배웠어요. 백어가 공자에게 들었던 것은 이 두 가지가 다입니다. 중요한 포인트이지요.

공자가 아들에게 바란 것은 이것입니다. "너의 일생에 두 가지를 꼭 가지고 가야 한다. 시와 예!" 이 사실을 들은 진항이 기뻐합니다. 한 가지를 물었는데 세 가지를 건졌거든요. 시의 중요성과 예의 중요성을 듣게 되었고요. 또 군자는 자식을 앞에 데려다 앉혀 놓고 특별히 이것저것 가르치지 않는다는 사실을 알게 된 거죠.

⑥ 子謂伯魚曰: "女爲周南召南矣乎?
　　자 위 백 어 왈　　여 위 주 남 소 남 의 호

人而不爲周南召南, 其猶正牆面而立也與?"
인 이 불 위 주 남 소 남　기 유 정 장 면 이 립 야 여

(陽貨, 17-10)
　양 화

공자께서 백어에게 말씀하셨다. "너는 「주남」과 「소남」을 배웠느냐? 사람으로서 「주남」과 「소남」을 배우지 않으면 바로 담장을 마주하고 서 있는 것과 같을 것이다."

공자가 또 아들에게 시를 읽으라고 말하는군요. "너는 「주남」과 「소남」을 배웠느냐?"[女爲周南召南矣乎] 여기서 '女' 자는 '너'[汝]라는 뜻이에요. 그리고 '위'(爲) 자는 '배울 학(學)' 자와 통해요. 우리가 첫번째 섹션에서 공부할 작품들이 바로 「주남」, 「소남」입니다. 『시경』이 '풍', '아', '송'으로 이루어져 있다고 했

잖아요? 그 중 '풍'의 첫번째 챕터가 「주남」이고 두번째가 「소남」
이에요. 그러니까 '「주남」, 「소남」을 배웠느냐'라고 하는 건 결국
'시를 배웠느냐?'라는 말과 같아요. 이런 글을 보면, 공자 시대 때
부터 『시경』의 순서가 우리가 읽는 것과 비슷하게 편집되어 있었
다는 귀중한 정보를 얻을 수 있죠. 공자님은 사람으로 태어나서
「주남」, 「소남」을 배우지 않으면, 그것은 바로 담벼락을 마주하
고 서 있는 것 같다고 말하십니다. '정'(正)은 부사입니다. '정장
면'(正牆面)은, 갑갑한 사람과 마주하면 '담벼락 마주한 것 같다!'
고 하잖아요, 바로 그런 뜻입니다. 『시경』을 읽지 않은 사람과는
교유할 수 없다는 말이겠지요.

⑦ 子曰: "詩三百, 一言以蔽之, 曰, '思無邪'."
　　자 왈　시 삼 백　일 언 이 폐 지　왈　사 무 사

(爲政, 2-2)
　위 정

공자께서 말씀하셨다. "'시삼백'을 한 마디의 말로 포괄한다면,
'생각함에 간사함이 없는 것'이다."

'사무사', 이 단어는 외워 두시는 것이 좋습니다. 중요해요. 공
자가 『시경』의 주제를 한 마디로 표현한 말인데요. 후대에 공자
의 권위가 절대적이 되다 보니까 동양 예술론의 금과옥조(金科

玉條), 즉 기준이 되었어요. 공자가 시 300편을 선별했다고 했잖아요. 공자가 『시경』에 대해서 했던 모든 일과 말들이 이후의 기준이 됩니다. 『당시삼백수』(唐詩三百首)도 유명하죠. 당시는 2만 5천여 편이 있는데 그 가운데 300수를 가려 뽑은 겁니다. 이러한 방식도 모두 공자가 시를 300수로 정리한 데에서 유래한 것이지요. 또 어떤 학자들은 『두시(杜詩) 삼백수』를 펴내기도 하고, 퇴계 선생의 시도 300수를 고르죠. 이런 식으로 후대에 시를 선별할 땐 300수를 고르게 되었답니다.

인용문으로 다시 돌아가 볼까요. '일언이폐지'(一言以蔽之)의 '일언'(一言)은 한 마디, 한 단어라는 뜻이에요. '폐'(蔽)는 덮는다는 말이고요. 즉 '총괄해서 말한다'라는 뜻으로 보시면 됩니다. 저는 이 구절을 읽을 때마다, '공자가 시에 있어 최고 수준이었다!'라는 생각을 해요. 이런 말을 아무도 못 남겼거든요. '시삼백'을 한 마디로 말할 수 있는 사람은, 평생 시를 가르치고 그 세계에 깊게 들어가신 공자뿐이라는 거죠. 이렇게 시 300편을 '한마디로' 정의한다는 게 얼마나 어려운 일이겠어요.

공자는 '시삼백'을 '사무사'(思無邪)라고 했습니다. 이게 대단한 말인데요. 이 말 자체는 「노송」(魯頌) 〈경〉(駉)에 나오는 구절이에요. 『시경』을 한참 읽다 보면 뒷부분에 나옵니다. 좀 기다리셔야 해요. '사무사'! '사무사'가 바로 동양 예술론의 중요한 키

워드가 되었고요. 이 구절을 액자로 만들어 벽에 걸어 놓은 곳들도 많아요. 그럼 '사무사'란 무엇일까요? 우리가 글을 쓰기도 하고 노래 부르기도 하고 읽기도 하지요. 글을 짓는 사람이나 읽는 사람이나 모두 문학작품을 접하면 생각에 사악함이 없어집니다. 그 사람의 마음에 혹 사악한 의도가 있다면 글 자체가 안 써진다는 뜻도 됩니다. 참 중요하지요. 우리 마음이 편하지 않다, 이런 경우엔 어떻게 해야 해요? 시를 읽으시면 됩니다. 인생이 갑갑할 때! 그때도 역시 '시'를 읽으시면 됩니다. '사'(邪)가 '사악하다'는 뜻이니, 그 반대말은 뭘까요? 반듯하게 된다, '정'(正)이에요. 이것을 카타르시스(katharsis)로 보셔도 됩니다. 노래를 부르다 보면 격한 감정도 진정되곤 하지요? 그런 걸 다 '사무사'라고 하는 겁니다. '사'(思, 생각·의도)에 나쁜 것[邪]이 없게 되는 겁니다. 시를 짓고 읽는 것, 모두 우리 정신을 정화하고 고양시키는 중요한 일입니다.

⑧ 子曰：“關雎, 樂而不淫, 哀而不傷.”(八佾, 3-20)
　　자왈　관저　락이불음　애이불상　팔일

　　공자께서 말씀하셨다. "『시』의 〈관저〉는 즐거우면서도 지나치지 않고, 슬퍼하지만 마음을 상하지 아니한다."

『시경』에서 가장 앞자리에 있으면서,『시경』 전체를 대표한 다고도 할 수 있는 작품으로 〈관저〉가 있습니다.『논어』의 이 부 분은 〈관저〉에 대한 비평이라고 할 수 있는데요. 공자는『시경』 전체에 대해서 '사무사'라고 비평을 했다면, 첫번째 작품 〈관저〉 에 대해서는 '락이불음, 애이불상'이라고 했어요. 이걸 봐도 〈관 저〉가 공자 때부터 '시삼백'의 첫번째 시였을 확률이 높다는 것 을 알 수 있지요.

'락이불음'에서 '락'은 '즐거워한다'는 뜻입니다. 시의 내용은 청춘남녀가 만나서 즐거워하는 내용이니 '락'이라고 할 수 있는 데요. 그럼, '불음'은 어떻게 해석해야 할까요? '음'(淫)을 '음탕하 다'고 풀이하면 너무 지나치고요. 둘이 만나서 너무 즐거워하는 바람에 주변 사람들 눈살을 찌푸리게 하는 정도가 바로 '음'입니 다. 지하철에서 이런 장면을 보면 '저것들이 음하구나' 이렇게 표 현할 수 있는 겁니다. 사실, 정도를 벗어나는 것이면 어떤 것이든 모두 '음'(淫)이라고 할 수 있어요. '음'은 본래 그런 뜻입니다. 남 자와 여자가 만나고 결혼도 해야 하지만, 정도를 벗어나면 그건 음이 됩니다. 〈관저〉는 남녀가 만나서 즐거워하지만 지나치진 않 은 좋은 작품이군요.

'애이불상'도 '락이불음'과 같은 구조의 문장인데요. 남녀가 만나 즐거워하는 시라고 했는데, 왜 슬퍼한다는 말이 나올까요?

시를 읽어 보면 짝을 만나지 못해서 전전반측(輾轉反側)하며 잠을 이루지 못하는 장면이 나오거든요. 예나 지금이나 반려자를 만나기는 쉽지 않죠. 그래서 슬프다고 하는 겁니다. 그런데 아무리 슬퍼도 '상'(傷) 해서는 안 된다는 거죠. '상'은 좌절하거나 원망하는 겁니다. 지나치게 감정이 치우치는 쪽으로 가는 거죠. 이러면 안 된다는 겁니다. 그저 '만나면 좋겠다', '좀 허전하다', 이 정도는 몰라도, '마음을 닫고 우울해하거나 상처 받으면 안 된다'는 말입니다.

이렇게 공자가 〈관저〉에 대해 붙인 코멘트는 '사무사'와 함께 그대로 동양 예술의 평가 기준이 되었어요. 이런 기준에 맞는 작품을 훌륭한 작품이라고 평가한 겁니다. 그래서 동양의 예술론에서는, 가학적이거나 피학적인 것, 모든 정상 범위를 벗어난 것들은 B급이에요. 이런 작품들은 상종 안 합니다. 문학은 기본적으로 여러 사람들과 같이할 수 있는 공감대가 중요하구요. 읽어서 편해지고 행복해야지요. 그런데 읽으면서 스트레스 받고 안 좋은 생각이 떠오른다면 다 버려야 하는 거예요. 동양에는 예술을 검열하는 기준이 있었다! 이렇게 생각하시면 됩니다. 예를 들면, 소설에서 사람을 너무 많이 죽인다든가, 음탕한 사람이 나오는 지나친 이야기는 좋은 평가를 받지 못했어요. 『금병매』(金瓶梅)도 또한 그러한 작품에 속하지요. 사회적 검열을 통과 못해서

몰래 읽혔어요. 이런 과정을 거치면서 '락이불음, 애이불상'도 유
명한 단어가 되어 버렸습니다.

⑨ 溫柔敦厚, 詩敎也.(『禮記』「經解」)
　　온 유 돈 후　시 교 야　　예 기　경 해

　　온유돈후는 시의 가르침이다.

　　『논어』 외에도 『시경』에 대해 언급하고 있는 다른 경전의 글
이 많은데요, 『예기』와 『맹자』에 나오는 유명한 구절만 살펴보겠
습니다. 『예기』의 '온유돈후'라는 말은 유명한데요. 『시경』의 가
르침이 온유돈후하다는 말인데, '사무사'와 통하지요. 온유돈후
는 사람을 따뜻하게 하고, 사람을 부드럽게 하고, 사람을 돈독하
게 만들고, 사람을 관대하게 만든다는 뜻입니다. 여기서 돈독(敦
篤)하다는 건 사람이 너그러우면서도 내면에 덕이 축적되어 있
다는 뜻이지요. 이것이 바로 우리가 『시경』을 읽으면 얻게 되는
효과예요. 액자로 만들어서 걸어놓는 말이기도 한데요. 원출전
이 『예기』입니다.

⑩ 說詩者, 不以文害辭, 不以辭害志, 以意逆志,
　　설 시 자　불 이 문 해 사　불 이 사 해 지　이 의 역 지

是爲得之. (『孟子』「萬章 上」)
시 위 득 지　　맹자　만장 상

시를 말하는 사람은 글자에 구애되어 시의 맥락을 해쳐서는 안 되고, 맥락에 구애되어 작가의 뜻을 해쳐서는 안 된다. 시를 읽는 나의 마음으로 작가의 뜻을 헤아려 찾아가야 하니 이렇게 해야만 작가의 뜻을 알 수 있다.

『맹자』에도 『시경』을 '단장취의'한 인용이 많이 나오지요. 위의 구절은 맹자가 「소아」〈북산〉(北山)의 구절을 풀면서 한 언급인데요. 이 중에서 '이의역지'(以意逆志)만 잘 기억해 두시면 좋을 것 같아요. 이 문장의 배경은 이렇습니다. 함구몽(咸丘蒙)이라는 제자가 맹자와 함께, 천자가 된 순(舜)과 아버지 고수(瞽瞍)의 관계를 토론하면서 시를 인용합니다. '하늘 아래 왕의 땅이 아닌 곳이 없고 땅끝까지 왕의 신하 아닌 사람이 없다'고 했으니 아버지 고수도 아들 순의 신하가 된 것 아니냐고요. 이때 맹자가 이렇게 이야기를 하는 겁니다. "시를 읽는 사람은, '문'(文), 즉 글자 하나하나에 얽매여서 '사'(글의 맥락)를 해쳐선 안 된다[不以文害辭]. 또 글의 맥락에 얽매여서 시의 의도를 해쳐서는 안 된다[不以辭害志]." 결국 천자가 된 순은 아버지를 신하로 삼지 않고 아들로서 '효'를 다했을 뿐이라는 거지요.

　　우리가 문학교육을 받을 때 대부분 이렇게 배우죠. '문맥만 봐서는 안 되고, 지은 사람의 의도를 봐야 한다!'라고 하는데, 여기서 의도를 '지'(志)라고 표현한 거예요. 주자는 '지'(志)를 '심지소지'(心之所之), 즉 '마음이 가는 바', '마음이 향하는 곳'이라고 풀었어요. 이게 바로 '지'인 거예요. 시를 읽을 때, 그 시를 짓고 노래 부르는 사람의 마음의 방향을 봐야 하는 거죠. 그래서 우리가 해야 할 일이 '이의역지'입니다. 여기서 '의'(意)는 지금 시를 읽는 '나의 뜻'이에요. 시를 읽을 때 내 마음에 이런저런 생각이 떠오르지요. 이건 연애시인가? 그런데 이 여자가 왜 이렇게 나물을 많이 캐고 있지? 이런 생각을 할 수 있겠죠. 이게 '의'입니다. 그리고 '지'는 시를 지은 사람의 뜻입니다. '역'(逆)은 여기서는 '거스르다'라는 뜻이 아니라 '적극적으로 찾아간다'라는 의미예요. 내 마음을 활짝 열고 시를 지은 사람의 내면의 뜻을 적극적으로 찾아간다! 이게 '이의역지'인 겁니다. 이렇게 해야지 시의 뜻을 제대로 알 수 있는 거지요. 이것이야말로 '시'를 만나는 최고의 비결 아닐까요? 우리도 '이의역지'의 마음을 가지고 이제부터 『시경』의 아름다운 세계로 들어가 보도록 하겠습니다!

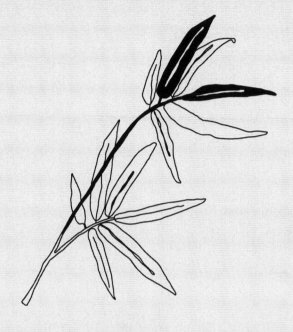

주남
周南
,

주남 지역의 노래

국풍

이제 본격적으로 작품들을 읽을 텐데요.『시경』은 크게 '풍', '아', '송'으로 분류되어 있다고 말씀을 드렸죠. 오늘 다룰 「주남」은 그 중에서도 '풍'에 속합니다. 풍은 '국풍'(國風)이라고 하기도 하고요.『시경』의 목차를 보면 '풍' 아래로 '주남'(周南), '소남'(召南), '패'(邶), '용'(鄘), '위'(衛), '왕'(王), '정'(鄭) 등, 노래가 불렸던 지역 이름이 죽 나오는데요. 이걸 우리가 하나하나 읽어 나갈 예정입니다.

전두환 정권 시절에 우리나라에서도 '국풍'이라는 말이 널리 알려졌던 적이 있죠. 여의도 광장에서 '국풍 81'인가 하는 페스티벌을 했었는데, 그 이름도 여기서 온 것이죠. 아무튼 여기서 '국'(國)은 '제후의 나라'란 뜻이고, '풍'(風)은 '민간가요'를 말해요. 그래서 우리나라에서는 시조 같은 것들에 '풍아'(風雅)란 말을 쓰기도 했습니다. 음악에서 '풍'이란 말이 나오면 대체로 '민간가요'란 뜻이랍니다. 주자의 주석을 잠깐 볼까요.

> 국이라는 것은 제후에게 봉해 준 지역이다. 풍이란 민속 가요의 시이다.
>
> 國者, 諸侯所封之域, 而風者, 民俗歌謠之詩也.
> 국 자 제 후 소 봉 지 역 이 풍 자 민 속 가 요 지 시 야

그러니까 지금 우리가 읽는『시경』은 예전 민간가요의 노랫말이 남은 겁니다. 곡조는 사라졌어요. 인터넷 검색해 보시면 중국이나 우리나라에서 <관저>(關雎)를 연주한 곡들이 있는데요. 이건 현대 작곡가들이 만든 겁니다. 이상은이 작곡하고 부르는「공무도하가」(公無渡河歌)도 있잖아요. 모두 본래 다 사라진 걸 재현해 낸 것입니다. 주자가 살았던 시대에 벌써 곡조는 사라지고 가사만 남았던 거고요.

그런데 왜 바람 '풍' 자를 써서 민간가요를 분류한 걸까요?『논어』「안연」(顏淵) 편을 보면, "君子之德風, 小人之德草"라는 구절이 나옵니다. 군주는 '바람'이고, 백성들은 '풀'이라고 비유한 거지요. '군주가 정치를 잘하느냐 못하느냐에 따라서 백성들은 영향을 받고 그런 것을 노래로 부른다.' 이런 뜻이 '바람 풍' 자에 들어 있는 겁니다. 그래서 이를 '풍요'(風謠), '민요'(民謠)라고도 하는데, 동양에서는 모든 노래가 정치상황과 연결되어 있어요. 나라가 편안하면 백성들의 노래도 편안해요. 나라가 위태해지면 노래도 심란합니다. 망한 나라의 노래는 슬프고 애달파요.『시경』을 읽다 보면 정말 그렇구나, 하는 생각을 하게 됩니다.

편명 「주남」에 대하여

「주남」(周南)이 무엇을 뜻하는지에 대한 설은 여러 가지가 있습니다. 그 중 대표적인 것 두 가지만 살펴보자면, 하나는 지역명으로 보는 거예요. 이건 주자가 주장하는 설인데요. 문왕·무왕이 세운 주(周)나라는 지금의 서안(西安) 근처에 있었는데 이보다 남쪽 지역의 제후국에서 불린 노래들까지 포함해서 「주남」이라고 했다는 겁니다. 또 하나의 설은 청대 학자들이 주장한 것인데요. 『시경』제목 중에 다른 지역에는 '남'(南) 자가 안 붙고 「주남」과 「소남」에만 붙었잖아요? 따라서 '남'(南)은 노래 연주 스타일이었을 거라고 주장을 합니다. '남'은 '풍'(風) 안에서도 별도의 형식을 갖는 일종의 장르로 보는 겁니다. 그런데 '남' 자가 나온다고 해서, 양자강 이남으로 보시면 안 됩니다. 황하 유역 중에서, 동쪽과 남쪽 일대의 제후국에서 불린 노래들이니까요.

1. 관저關雎

關關雎鳩 在河之洲
관 관 저 구　재 하 지 수

끼룩끼룩 우는 물수리가
강의 모래섬에 있구나.

窈窕淑女 君子好逑
요 조 숙 녀　군 자 호 구

요조숙녀는
군자의 좋은 짝이로다

參差荇菜 左右流之
참 치 행 채　좌 우 류 지

이쪽저쪽에 떠 있는 마름나물을
왼쪽 오른쪽에서 물길 따라 따네.

窈窕淑女 寤寐求之
요 조 숙 녀　오 매 구 지

요조숙녀를
자나 깨나 구하는데

求之不得 寤寐思服
구 지 부 득　오 매 사 복

구하여도 만나지 못하는지라,
자나 깨나 생각하고 그리워하네.

悠哉悠哉 輾轉反側
유 재 유 재　전 전 반 측

아득한 그리움이여!
이리 뒹굴, 저리 뒹굴.

參差荇菜 左右采之
참 치 행 채　좌 우 채 지

이쪽저쪽에 떠 있는 마름나물을
왼쪽 오른쪽에서 다듬네.

窈窕淑女 琴瑟友之
요 조 숙 녀　금 슬 우 지

요조숙녀와
거문고·비파로 사귀도다.

參差荇菜 左右芼之
참 치 행 채　좌 우 모 지

이쪽저쪽에 떠 있는 마름나물을
왼쪽 오른쪽에서 삶네.

窈窕淑女 鐘鼓樂之
요 조 숙 녀　종 고 락 지

요조숙녀와 종과 북으로 즐기도다.

자, 이제 길고 긴 예비 설명을 마치고 첫번째 작품으로 들어왔습니다. 〈관저〉는『시경』뿐만 아니라 동양의 시문학을 대표한다고 해도 과언이 아닌 작품입니다. 앞에서도 살펴보았던 것처럼『논어』에도 "낙이불음, 애이불상"(樂而不淫 哀而不傷)이라는 공자의 비평이 남아 있고, 지금도 영화나 드라마 등 대중 매체에 자주 등장하는 작품입니다. 이 정도로 유명한 시는 외워 두시는 것이 좋겠네요.

시를 보면, '요조숙녀', '전전반측', '오매', '금슬'과 같이 지금도 쓰는 익숙한 말들이 나오지요? 하지만 시의 형식은 좀 이상하게 느껴지실 수도 있어요. 첫번째 시이니만큼 설명할 것이 많군요. 우선 인용된 시 원문을 보시면 조금씩 간격을 두어서 내용을 구분해 두었습니다. 이건 요즘 노래로 치면 1절, 2절, 3절로 구분한 거라고 보시면 됩니다. 이것을 '장'(章)이라고 부르고요.

그다음에 앞으로 '구'(句)라는 단어도 많이 나올 겁니다. 시를 보시면 모든 문장이 대부분 네 글자로 되어 있을 겁니다. 이 네 글자로 되어 있는 것을 한 구라고 해요. 물론 다른 시에서는 세 글자로 된 것도 있고, 다섯 글자로 된 것들도 있지만『시경』의 기본 형식은 주로 네 글자로 된 구입니다. 그러면, 첫 1절은 구가 몇 개죠? 4구로 되어 있는 것을 확인할 수 있죠. 장과 구는 이렇게 구성되어 있습니다. 앞으로 몇 장 몇 구로 되어 있는 작품이라는 설명을 계속할 겁니다.

이렇게 『시경』은 주로 네 글자로 되어 있어서, 이것을 '사언체'(四言體)라고도 합니다. 네 글자의 구로 된 형식이라는 말이에요. 후대의 시는 다섯 글자, 일곱 글자 형식으로 발전했지요. 특히 당시(唐詩)는 5언이나 7언이 대부분이지요. 그래서 후대에도 『시경』 스타일로 글을 쓸 때는 사언체로 씁니다. 이렇게 네 글자로 된 것이 바로 시경체의 특징이에요. 옛날 어르신들 보면 일부러 사언체로 글을 쓰시는 분들이 계세요. 그런 작품은 대개 현실 비판적인 노래가 많답니다.

〈관저〉로 다시 돌아와 볼까요. 이 작품은 1절은 4구인데, 2절과 3절은 8구로 되어 있습니다. 이렇게 모든 절의 구의 수가 똑같지는 않아요. 그런데 원래 『모시』(毛詩)는 전부 4구로 되어 있고 5장으로 되어 있어요. 원래 4구 5장짜리 시를 주자가 이렇게 3장으로 묶어 놓았어요. 주자는 작품 내용을 맥락에 따라 나눈 것인데요. 번역본마다 차이가 있습니다만, 여기서는 주자의 의도대로 읽겠습니다. 『시경』의 시는 민요니까 심오한 깊은 뜻을 기대하시면 안 됩니다. 단순하고 소박해요. 『시경』의 기본 정서는 단순소박이지, 복잡하게 꼬는 거 없습니다. 그리고 의성어, 의태어가 많아요. 이런 의

성어, 의태어를 어떻게 맛깔나게 살리느냐가 『시경』 해석에 있어 관건이기도 합니다.

① 關關雎鳩 在河之洲 窈窕淑女 君子好逑

한 장씩 끊어서 살펴보죠. 우선 '관관저구, 재하지주'(關關雎鳩, 在河之洲)에서 '關'은 본래 국경의 '관문'(關門)으로 많이 쓰이는 글자인데, 여기서는 새 울음소리 '관'으로 쓰였어요. 이걸 새 울음소리로 번역해야 하는 거죠. 참 어렵습니다. 그다음 '저구'는 새 이름입니다. '저'(雎)는 물수리고, '구'(鳩)는 비둘기예요. 하지만 '저구'는 두 종류의 새를 가리키는 것이 아니라 한 단어입니다. 저구새는 황하 가에서 날아다니며 우는 새입니다. 여기서는 '물수리'라고 풀 텐데요. 대부분의 경우 그냥 '저구'로 되어 있습니다.

　　저의 선생님은 '관관저구'를 번역하실 때 그냥 '관관이 우는 저구새여' 이렇게 번역을 하셨어요. 의성어, 의태어 번역은 안 하십니다. 이 의성어도 번역본마다 해석이 다 달라요. 어떤 번역본엔 '끼룩끼룩 우는 저구새'라고 나오고, 어떤데에는 '꾸욱꾸욱 우는 저구새' 이렇게도 되어 있어요. '관관' 이라는 새 울음소리를 어떻게 번역해야 할까요? 여러분도 한번 번역해 보세요. 이건 시(詩)니까요. 번역을 딱 하나로 정할 수도 없고, 사실 그럴 필요도 없지요. 참새의 소리도 사람에 따라 다르게 들리잖아요? 현재『시경』번역서가 10종 이상 나와 있는데요. 번역이 일정치가 않죠. 시를 번역할 때 각자 나름대로 언어 감각을 살리시는 게 좋아요. 저도 의성어, 의태어가 나오면 제 스타일대로 번역을 할 거예요. 하지만 그게 절대적인 건 아닙니다. 어떤 분은 생략을 많이 하고, 어떤 분은 서술적으로 풀기도 하지요. '관관저구'라는 첫 구절부터 이런저런 번역의 쟁점이 많습니다. 끼룩끼룩, 꾸욱꾸욱, 꾸룩꾸룩, 꽌꽌 등등!

그다음 '재하지주'에서 '하'(河)는 황하인데, 뭐 굳이 황하라고 할 필요까진 없어요. 그냥 '강'이라고 하시면 됩니다. 그런데 '황하'를 고집하는 분들도 계세요. '주'(洲)는 물가, 모래톱이라는 뜻입니다. 지금은 다 없어졌지만 옛날 한강을 보면 강 가운데 모래밭 같은 곳이 있었어요. 밤섬처럼 넓은 곳도 많았죠. '주'는 그런 곳을 말해요.

그래서 해석을 해보면, "끼룩끼룩 우는 물수리가 강의 모래섬에 있구나", 이렇게 해석이 되겠죠. 시의 기법으로 나누면 이것을 '흥'(興)이라고 합니다. '흥'이란 무슨 물건, 동작을 보고 다른 무언가를 연상한다는 말입니다. 강가에 끼룩

끼룩거리며 날아다니는 물수리를 보니까, 나의 어떠어떠한 마음 상태로 연결된다는 거죠. 주자는 『시경』의 모든 시에다가 어떤 기법이 사용되었는지 밝힙니다. 이게 '흥'인지, '비'(比)인지, '부'(賦)인지, 이렇게 달아 두었는데, 이걸 따지기 시작하면 머리 아파요. 이것도 사람마다 해석하기 나름이라서 따지고 들면 논의가 복잡해지거든요.

하지만 우리는 주로 주자의 주석을 참조할 예정이니, '흥'에 대한 주자의 주석을 보고 갈까요?

> 흥이라는 것은 먼저 다른 사물을 말하여서 읊고자 하는 바를 당겨 일으킨 것이다.
>
> 興者, 先言他物, 以引起所詠之詞也.
> 흥 자 선 언 타 물 이 인 기 소 영 지 사 야

여기서 '다른 사물'[他物]은 바로 '저구'이지요. A를 보고 정말 내가 이야기하고자 하는 B가 연상되었다, 이런 뜻이에요. 흥이란 나의 시상(詩想)을 일으키는 계기가 된 것을 말합니다. 주자는 이런 시의 기법을 흥이라고 봤는데, 문제는 시 해석으로 들어가면 '비'(比)처럼 보이기도 한다는 겁니다. '비'란, 비유를 말하는데요. 물수리는 암수가 꼭 파트너로 날아다닌대요. 이것도 인간 입장에서 그 새를 보는 거지, 새 두

마리가 날아다닌다고 걔네가 꼭 사이 좋은 암수라는 법은 없잖아요? 『시경』에 나오는 동식물의 생태는 이렇게 인간이 자기중심적으로 본 것인데요. 어쨌든 이렇게 쌍으로 날아다니는 새를 보고 배필을 구하는 자신의 마음을 빗댔다는 점에서 '비'라고 볼 수도 있다는 거죠. 이렇게 시는 사람마다 해석이 다를 수 있지요.

그다음 구절은 '요조숙녀, 군자호구'(窈窕淑女, 君子好逑)지요. 요조숙녀에서 '요'와 '조' 모두 얌전하단 뜻입니다. '요'는 '얌전하다', '조'는 '차분하다'라고 많이 해석이 됩니다. 요즘도 쓰는 '숙녀'(淑女)라는 말이 여기서 나온 겁니다. 동양 문화권에서 요조숙녀의 '숙녀'는 착한 여자, 맑은 여자, 참한 아가씨 등으로 통하지요. '숙'(淑)은 '맑다'라는 뜻이거든요. 여자 이름을 지을 때도 많이 썼지요. 요조숙녀를 해석하실 때는 그냥 글자 그대로 놔두셔도 좋고, '얌전하고 차분한 아가씨'라고 하셔도 좋습니다.

'군자호구'는 '요조숙녀는 군자의 좋은 배필'이라는 뜻이지요. '구'(逑)는 '짝'이라는 뜻이고요. 그런데 그 다음 장으로 넘어가면, 이런 짝을 만나기가 쉽지 않다는 말이 나와요. 그래서 이 사람이 밤잠을 못 이루는 내용으로 이어집니다. 『시경』의 첫번째 시라고 너무 기대하셨나요? 공자님도 특별히 언급하셨으니까요. 그런데 내용을 보면 그냥 연애시입니다. '아! 내 짝을 만나고 싶다', '연애하고 싶다!' 이런 내용인 거 예요. 하지만 우리 주자 선생님은 그렇게 가볍게 해석하지 않으셨겠지요. 그건 조금 이따가 말씀드릴게요. 다음 구절 을 보겠습니다.

② 參差荇菜 左右流之 窈窕淑女 寤寐求之
　　求之不得 寤寐思服 悠哉悠哉 輾轉反側

우선 시의 매 장을 시작할 때마다 큰 소리로 몇 번씩 읽어 주세요. 몸의 기운이 활발발해지면서 자연스럽게 '이의역 지'(以意逆志)가 된답니다. 2장의 첫 구인 '참치행채'(參差荇菜) 에서 '參差'는 '참차'가 아니라 '참치'라고 읽습니다. 『시경』은 여러 발음으로 읽히는 한자가 꽤 있어서 신경 쓰인다는 분 들이 많지요. 하지만 시 읽기의 즐거움을 막을 정도는 아니 랍니다. '差'는 본래 '차이가 나다'라는 뜻일 때 '차'로 읽지요. 그런데 여기서는 '치'라고 읽는 거고요. '참치'(參差)는 그냥 한 단어로 알아두시는 것이 좋습니다. 주자는 '참치'에 대해 "길고 짧은 것이 가지런하지 않은 모습"[參差, 長短不齊之貌] 이라고 주석을 달았고요. 이 구는 대개 연못에 마름나물이 이쪽저쪽에 떠 있는 모습을 표현한 것입니다.

'행채'도 역시 한 단어입니다. 이걸 옥편에서 찾아보면 참 답답하게 나와요. '노랑어리연꽃'이래요. 이것만 봐서는 어떤 꽃인지 알기가 어렵지만, 결국 연꽃의 일종이고, 여기서는 식용하는 마름나물입니다. 그래서 연꽃이라고 해도 되고, 대부분의 번역에서는 '행채'라고 그대로 써주기도 합니다. 아무튼, '참치행채'는 "이쪽저쪽에 떠 있는 마름나물"로 보시면 됩니다.

'좌우류지'의 '좌우'는 '왼쪽, 오른쪽에서'란 뜻이죠. 여기서 '류'란 뭘까요. '류'는 '흐르다'라는 뜻이니까, '물길을 따라가며 마름나물을 딴다'고 해석할 수 있습니다. '이쪽저쪽에 떠 있는 마름나물을 왼쪽 오른쪽에서 물길 따라 딴다.' 이렇게 풀면 됩니다. 주자의 주석도 이렇게 되어 있습니다. 그리고 『시경』은 가능하면 한 구가 네 글자가 되도록 맞춰요. 그러다 보니 의미 없이 글자 수를 맞추기 위해 들어간 글자들이 많습니다. 그래야만 노래로 부르기도 편했겠지요. 여기서 '좌우류지'의 '지'(之)가 그런 경우인데요. '그것을'이라는 대명사로 푸셔도 되고요. 그냥 해석하지 않으셔도 됩니다.

이 구절도 흥(興)이에요. 나물을 따는 사람은 여자이겠지요. 젊은 여자를 보니까 어떤 생각이 들죠? 작중 화자가

'아! 나는 외롭구나! 난 혼자다', 이런 생각을 한다는 말입니다. 역시 고상한 이야기는 안 나오지요. 그런 마음이 드니까 어떻게 되죠? '요조숙녀 오매구지'(窈窕淑女 寤寐求之)로 이어집니다. 자려고 누웠는데 낮에 연못에서 나물 따던 아가씨들이 생각날 수도 있지요. '오'(寤)는 '깨다'라는 뜻이고 '매'(寐)는 '자다'라는 뜻입니다. '오매불망'(寤寐不忘)이라고 하면 '자나 깨나 못 잊는다'는 말이잖아요? 마찬가지로 '오매구지'는 깨어 있을 때나 잠잘 때나 요조숙녀를 구한다, 찾는다는 말이에요. 이걸 각자 풀 때에는 '깨어 있을 때나 꿈속에서나', 이렇게 멋있게 해석하셔도 좋겠죠. 각자 시적 감수성을 최대한 살려서 번역하는 것이 좋습니다. 한문학 오래 하신 할아버지들은 그냥 '자나깨나'라고 해버리시는데, 이제는 각자 멋있게 표현하는 것이 좋을 것 같아요.

그다음의 '구지부득 오매사복'(求之不得 寤寐思服)이 바로 공자가 '애이불상'(哀而不傷)이라고 했던 부분이에요. 남녀가 어쩌다가 인연이 되어 만나게 되면 연애도 하고 결혼도 하지만, 사실 남녀가 만난다는 게 얼마나 어렵습니까? '구지부득', 즉 구하여도 얻을 수 없죠. 그래서 '오매사복'이라고 하는 겁니다. 깨어 있을 때나 잠잘 때나 '사'(思)하며, '복'(服)한다고 합니다. '사복'(思服)에서 '복'(服)은 본래 '옷을 입는다'

혹은 '복종하다' 주로 이럴 때 쓰이는 글자죠? 그러나 여기서 '복'(服)은 '그리워하다'[懷]라는 뜻으로 쓰입니다. 당시(唐詩)와 송시(宋詩)에서도 '복' 자가 이런 의미로 쓰이는 경우가 많은데, 이렇게 『시경』을 공부하고 나면, 동양의 한시 세계가 드넓게 열린답니다. 『시경』과 『초사』에서 나오는 표현과 용법들이 이후 시들에서도 차용되거든요.

다음 구절을 보죠. '유재유재 전전반측'(悠哉悠哉 輾轉反側). 이 부분이 〈관저〉의 클라이맥스예요. '유재유재'의 '유'(悠) 자는 본래 '멀다'라는 뜻이에요. 그런데 여기서는 좀 달라요. 이 사람이 연애를 해야 하는데 짝을 못 만나요. 그래서 '왜 못 만날까? 어떻게 하면 만나게 될까?', 이런 생각이 끝도 없이 뻗어 나갑니다. '유'는 이처럼 생각이 하염없이 이어지는 것을 말해요. 그러면 이제 잠도 못 이루겠죠. 이게 바로 '전전반측'입니다. 전전반측은 사자성어지요. 이걸 줄여서 '전전(輾轉)한다'고 표현하기도 합니다.

그런데 주자는 이 전전반측이 몇 바퀴를 구르는 건지도 주석했어요. 본래 '전'(輾)은 반쯤 돌아눕는 거고요. 그 다음 '전'(轉)은 360도 도는 겁니다. 그러니까 '전전'은 일단 돌아누웠다가 뱅그르르 360도 도는 거죠. 그다음 '반'(反)은 모로 눕는 거예요. 뱅그르르 돌았다가 모로 누웠어요. 그다음

'측'(側)은 돌기를 멈추고 기울여 눕는 거지요. 선생님은 이걸 '전전반측하노라' 이렇게만 번역해 주셨는데, 요즘 번역본에는 '이리 뒹굴, 저리 뒹굴' 내지는 '뒹구느라 잠 못 이뤄 하노라', 이런 식으로 각각 다르죠. 시 번역이 한 가지로만 통일되면 재미없어요. 그런데 사실 2장에서 정말 재미있는 표현은 '유재유재'예요. '오매불망'해서 생각과 그리움이 끝없이 가는 상황. 만남을 바라는 간절한 마음이 멀리까지 이어지고 이어진다는 말이지요.

③ 參差荇菜 左右采之 窈窕淑女 琴瑟友之
  參差荇菜 左右芼之 窈窕淑女 鐘鼓樂之

이 〈관저〉의 3장은 공자가 '낙이불음'이라 평했던 구절입니다. 만나서 즐거워하는데 지나치지는 않은 거예요. 아까는 '애이불상'이었지요. 이렇게 두 개의 말로 〈관저〉의 주제를 짚어 낸 공자의 시 비평이 정말 대단하죠. 공자는 앞에서 전전반측하는 작중 화자에 깊이 몰입한 거예요. 그러니까 슬프다[哀]는 걸 끄집어냈지요. 애달플 정도로 오랜 기다림 끝에 요조숙녀를 만났으니 그 기쁨[樂]이 얼마나 컸겠어요. 하지만 남녀의 예에서 벗어나지는 않지요. 낙이불음!

첫 구인 '참치행채 좌우채지'(參差荇菜 左右采之)에서 '좌우채지'의 '채'(采)는 꽃이나 나물 같은 것들을 똑똑 따는 겁니다. 그런데 주자는 이 글자를 좀 다르게 해석했어요. 아까 '류'(流)를 '물길을 따라 딴다'라고 풀었잖아요. 그러니까 그 다음의 '채지', 그리고 뒤에 나올 '모지'까지를 3단계로 보았습니다. 첫번째 '류'는, 마름나물을 '딴다'입니다. 두번째 '채'는 우리 식으로 본다면 '다듬는다', 세번째 '모'는 '삶는다'라고 해석했습니다. '딴다 → 다듬는다 → 삶는다', 이런 단계로 본 거죠. 나물을 따서 밥상에 올리고 제사에도 썼으니까 정성껏 다듬고 삶았지요.

'요조숙녀 금슬우지'(窈窕淑女 琴瑟友之)에 '금슬'이라는 말이 나오죠. 지금도 부부를 '금슬'에 비유해서 '금슬이 좋다'란 말을 쓰지요? '금'(琴)은 거문고라 하고, '슬'(瑟)은 비파라고 합니다. 어떤 번역에서는 큰 비파, 작은 비파 이렇게 구분하기도 해요. 그러니까 지금 시의 내용으로 보면 군자가 드디어 요조숙녀를 만난 겁니다. 요조숙녀와 함께 거문고도 타고 비파도 타면서 '우지'(友之), 즉 사귀는 거죠. 『시경』에서는 이렇게 부부 사이를 '친구'[友]라고 표현합니다. 이게 가장 이상적인 거지요. 부부가 좋은 친구, 반려자가 되어 일생의 고락을 같이하는 겁니다.

그다음은 '참치행채 좌우모지'(參差荇菜 左右芼之)입니다. '참치행채'는 벌써 세번째 나오지요. 『시경』은 이렇게 반복되는 구절이 자주 나와요. 민요이기 때문입니다. '좌우모지'의 '모'(芼)는 본래 무엇인가를 따거나 뽑는 걸 말하지만, 주자는 이것을 '삶는다'라고 해석한다는 말씀은 앞에서 드렸었죠. 다음은 '요조숙녀 종고락지'(窈窕淑女 鐘鼓樂之)죠. '종고락지', 종을 치고 북을 두드리며 즐긴다는 말입니다. '종고'(鐘鼓)라고만 해도 악기를 연주한다는 뜻이고요. 이런 구절을 보고 현대 학자들은 이 시가 결혼 축하시일 거라고 해석을 합니다. '물수리를 보고 자신의 처지를 외로워하고 오매구지하며 전전반측하더니 이제 너희가 귀한 인연을 맺고 결혼 축하연을 하고 있구나'라고 해석을 하는 겁니다. 그렇게 보면 '금슬'이나 '종고'는 결혼 축하연에서 다양한 악기를 연주하는 정경을 표현한 것이죠. 현대에는 이런 해석들이 주류를 이루고 있습니다.

그런데 아주 오래된 해석도 있습니다. 『시경』 해석 중에 가장 오랫동안, 그러니까 약 2500년 동안 유통되었던 이야기를 말씀드려 볼까 합니다. 앞에서 『시경』의 시들을 모두 정치상황을 표현한 것으로 본다고 했었지요? 좀 뜬금없지만, 이 오래된 해석에서는 문왕(文王)을 소환합니다. 지금 이 노래가 주나라와 그 일대에서 불린 노래로 되어 있잖아요. 더 나아가 「주남」의 노래가 정리된 시점을 주나라 초기로 본 겁니다. 그럼 기원전 1000년경인데요. 이 시에서 등장하는 남자, 군자는 문왕이 됩니다. 문왕이 나라를 잘 다스리려면 아내를 잘 만나야 해요. 그래서 막 고민을 합니다. 결국 태사(太姒)라는 현명한 여인을 아내로 맞이하는데요. 이 시를 문왕이 태사란 여인을 만나기 전에 전전반측 했다가 만나서 기뻐하는 노래로 보는 겁니다. 이렇게 보면, 민요가 졸지에 군주의 결혼 노래가 되어 버립니다.

그런데 왜 이렇게 보았을까요? 동양에서는 전통적으로 남녀의 결합을 굉장히 중요하게 여겼기 때문이에요. 인륜(人倫)의 시작이잖아요. 음(陰)과 양(陽)의 결합이기도 하고요. 이 중요한 남녀의 결합을 노래한 시를 『시경』 맨 앞에 놓고 문왕과 태사라는 모범 부부의 이야기라고 해석을 하는 거죠. 이 시에서 말하는 군자는 문왕이며 요조숙녀는 태사로, 두 사람이 맺어지자 백성들이 기뻐하면서 이 노래를 지어 불렀다는 거예요. 믿을 수 없는 얘기지만, 이런 해석이 전통적으로 〈관저〉를 보는 시각이었다는 점을 알아 두셔도 좋겠네요. 하지만 지금은 그냥 청춘남녀가 서로 그리워하고, 그러다 만나서 인연을 맺는 노래로 보시면 될 것 같아요. 결혼 축하연에서 부르면 좋을 노래인 거지요.

이렇게 〈관저〉 3장 설명을 다 마쳤네요. 〈관저〉는 3장까지 있어요. 그 중 첫번째 장은 4구로 되어 있고, 나머지 두 개의 장은 모두 8구로 되어 있습니다. 균형이 좀 안 맞죠. 그런데 주자는 1장을 도입부로 보고 2장을 '애이불상'으로, 3장을 '낙이불음'으로 본 거예요. 어찌 보면 공자의 입장에 따라서 이 시를 나눈 것이지요. 하지만 이런 장 나눔에 대해선 아직도 논란이 있어요.

이 시에 붙은 주자의 주에 '성정지정'(性情之正)이라는 말이 나옵니다. 여기서 '성정'은 우리의 마음이라고 보시면 되고요. '성정지정'은 예술은 내면의 바름을 추구해야 한다는 뜻이지요. 앞에서 『시경』을 표현하는 말로 '사무사'(思無邪)를 말씀드렸었죠. 사무사의 다른 표현이 '성정지정'인 겁니다. 주자는 왜 이 시에 이런 주석을 단 걸까요? 남녀의 결합이 제대로 이루어져야, 특히 군주가 좋은 여자를 만나야 정치가 제대로 된다는 말입니다. 실제로 역사적으로 보면 외척이 정치 문제가 되었던 적이 많죠. 모든 사람이 그렇지만 특히 군주가 배필 선택에 신중하지 못하면 심각한 정치 문제가 생기니까요. 이렇게 〈관저〉에 대한 설명을 마치려고 하는데요. 무엇보다 중요하게 기억하셔야 할 것은 남녀가

부부로 결합하는 과정을 노래한 작품 〈관저〉로 『시경』이 시
작된다는 것입니다. 이걸 염두에 두시고 다음 시로 넘어가
보겠습니다.

2. 갈담 葛覃

葛之覃兮 施于中谷
갈 지 담 혜 이 우 중 곡

칡넝쿨이 뻗어 나가
계곡 가운데까지 퍼져 있구나.

維葉萋萋 黃鳥于飛
유 엽 처 처 황 조 우 비

그 잎이 무성하거늘,
꾀꼬리가 날아와

集于灌木 其鳴喈喈
집 우 관 목 기 명 개 개

관목에 앉았으니
그 소리 꾀꼴꾀꼴.

葛之覃兮 施于中谷
갈 지 담 혜 이 우 중 곡

칡넝쿨이 뻗어 나가
계곡 가운데까지 퍼져 있구나.

維葉莫莫 是刈是濩
유 엽 막 막 시 예 시 확

그 잎이 무성하거늘,
베어 내고 삶기도 하여,

爲絺爲綌 服之無斁
위 치 위 격 복 지 무 역

고운 갈포, 거친 갈포를 만드니
오래 입어도 싫증나지 않는구나.

言告師氏 言告言歸
언 고 사 씨 언 고 언 귀

선생님에게 고하여
친정에 갈 것을 말씀드리게 하노라.

薄汙我私 薄澣我衣
박 오 아 사 박 한 아 의

나의 일상복을 빨고
나의 외출복을 세탁하노라.

害澣害否 歸寧父母
할 한 할 부 귀 녕 부 모

무엇은 빨고 무엇은 빨지 않겠는가?
돌아가 부모님께 안부 인사 드리리
라.

자, 이제 두번째 작품이에요. 우선 제목을 한 번 보실까요? 〈갈담〉(葛覃)입니다. '갈지담혜'(葛之覃兮)로 시작하는데, 제목은 '갈담'이네요. '갈지담혜'의 첫번째 글자와 세번째 글자를 뽑아서 제목으로 만들었지요? 앞의 〈관저〉역시 '관관저구'에서 첫번째 글자와 세번째 글자를 각각 뽑아서 〈관저〉로 만들었잖아요? 시의 제목은 이런 식으로 붙은 겁니다. 이 시는 전체가 세 개의 장으로 되어 있고, 각 장은 똑같이 6구로 구성되었네요. 〈관저〉와 다르게 균형이 잘 맞춰진 작품입니다.

① 葛之覃兮 施于中谷 維葉萋萋 黃鳥于飛
　　集于灌木 其鳴喈喈

한 장씩 살펴보죠. '갈지담혜 이우중곡'(葛之覃兮 施于中谷)에서 '갈'(葛)은 칡넝쿨입니다. 『시경』에는 칡이 많이 나오는데요. 지금이야 칡의 용도가 약재와 음료로 제한적이지만 이 당시에는 칡에서 실을 뽑아서 옷감을 짰습니다. 갈포(葛布)라고 하죠. 그야말로 고대사회의 주된 옷감입니다. 지금은 이런 옷이 없는데, 삼베, 모시옷과 비슷했겠지요. '담'(覃)은 '퍼지다', '뻗다'의 뜻입니다. 칡은 그 뿌리가 뻗어 나가는 성

질이 있잖아요. '혜'(兮)는 해석하지 않습니다. 네 글자를 맞춰 주기 위해서 들어간 조사이지요.

　'이우중곡'은 칡넝쿨이 뻗어서 계곡까지 내려간 모습을 말합니다. '施'는 본래 '베풀다'라는 뜻이고 그럴 땐 '시'라고 읽지요? 그런데 여기서는 '이'라고 읽어요. 담쟁이 넝쿨 같은 것이 뻗어 나간 모습일 때는 '시'가 아닌 '이'라고 읽습니다. '중곡'은 '곡중'(谷中)과 마찬가지인데, '계곡 가운데'라고 풀어 주면 되겠지요. '갈지담혜 이우중곡'은 칡넝쿨이 퍼져서 계곡까지 뻗어 있는 것이니 아주 많고 무성한 모습을 표현한 겁니다.

　'유엽처처 황조우비'(維葉萋萋 黃鳥于飛)에서 '유엽처처'의 '유'(維)는 해석하지 않습니다. 왜 자꾸 있는 글자를 해석하지 않을까요? 처음엔 이상해도 『시경』을 더 읽다 보면 나중에는 익숙해져요. 시에는 글자 수를 맞추기 위해서 해석하지 않는 허사(虛辭)들이 종종 들어가거든요. '엽'(葉)은 잎이고요, '처처'(萋萋)는 의태어로 '무성하다'는 뜻입니다. 그러니까 '그 잎이 무성도 하구나'가 됩니다. 그다음에 새가 등장합니다. 황조(黃鳥)! 황조를 어떻게 해석해야 할까요. 주자의 주를 보시면, "황조 리야"(黃鳥 鸝也)라고 되어 있는데, '황조는 꾀꼬리[鸝]이다'라는 뜻입니다. '황조'는 고구려 유리왕의 「황조가」에도 등장하는 우리에게 익숙한 새이지요. 일단 꾀꼬리로 번역하겠습니다. 그래서 지금 시 속의 정경을 그려 보면, 화자의 시선은 무성한 칡넝쿨을 보고 있는데 갑자기 황조가 날아와요. 그러면 나의 시선이 새를 따라 위로 올라가겠지요. 들판에서 이런 정경을 보고 있다고 생각하시면서 읽어 보세요.

그다음 '집우관목 기명개개'(集于灌木 其鳴喈喈)는 황조가 날아오더니, 관목에 앉았군요. '집'(集)은 본래 '모이다'의 뜻인데, 여기서는 (황조가) '앉다'라고 푸는 것이 좋겠지요. '관목'의 '관'(灌)은 '물을 대다'라는 뜻인데요. 보통 '관목'이라고 하면 키가 작은 나무들을 가리키지요. 지금도 사용하는 말입니다. 그래서 저와 함께 공부했던 분들 중에는 "꾀꼬리가 앉기에는 나무가 너무 낮지 않은가?" 하고 의문을 제기하시는 분도 계셨어요. 하지만, 여기서 '관목'은 '총목'(叢木)을 말합니다. 작은 나무들이 모여 있는 숲이지요. 전체적으로 보면 칡넝쿨이 무성하고 관목이 우거진 곳에 꾀꼬리가 날아와 앉는 모습이거든요.

이렇게 꾀꼬리가 날아와 앉더니, '기명개개'래요. 그 소리가 '개개'(喈喈)하답니다. 의성어 '개개'는 어떻게 해석을 해야 하죠? 『시경』에서 의성어 해석은 의태어 못지 않게 어렵습니다. '개'는 새가 우는 소리를 말합니다. 여기서는 꾀꼬리가 우는 소리겠지요. 성백효 선생님은 '울기를 개개히 하도다', 이렇게 해석하셨지요. 그런데『시경』에서 '개개'는 이런저런 새소리에 모두 쓰입니다. 꾀꼬리가 우는 것만을 '개개'라고 하지 않아서일까요? '찌르르 찌르르'라고 풀어 놓으신 분도 계신데요, 여기서는 '꾀꼴꾀꼴'로 하겠습니다. 결국 의성어, 의태어를 어떻게 살리느냐, 이게 시 해석의 관건입니다.

② 葛之覃兮 施于中谷 維葉莫莫 是刈是濩
　　爲絺爲綌 服之無斁

'갈지담혜 이우중곡'은 앞의 장과 똑같지요? 민요는 이렇게 같은 구절이 반복되지요. 우리 민요도 그렇잖아요. 그다음은 좀 다르죠. 앞에서는 '유엽처처'였는데, 지금은 '유엽막막'이라고 나오네요. 막(莫) 자는 본래, '~하지 말라'라는 뜻의 금지사인데요. 여기서는 '무성한 모습'을 표현한 것입니다. 앞 장에서 '처처'로 썼다가 다음 장엔 '막막'으로 바뀐 것은, A(1장) → A′(2장)의 형식으로 약간 변주를 하는 건데요.『시경』의 거의 모든 작품은 기본적으로 A→A′→A″ 같은 형식입니다. '풍'(風)은 더욱 그렇지요.

'시예시확'을 보시죠. '이 시'(是) 자를 해석하지 않아도 됩니다. 물론 대명사로 보고 '그것'이라고 하셔도 좋아요. '예'(刈)는 '베다'라는 뜻이지요? 풀을 베는 기계를 예초기(刈草機)라고 하는데, 여기에 쓰이는 '예' 자예요. 그래서 '시예'(是刈)는 '그것을 칼로 베다'라는 의미가 됩니다. 칡넝쿨은 질겨서 손으로 못 끊고, 칼로 베어 내야 하는 거지요. '시확'(是濩)의 '확'(濩)은 '삶는다'는 뜻입니다. 칡에서 실을 뽑으려면 한번 삶아 내야 하는 거죠. 삼[麻]에서 실을 뽑을 때도 삶잖아요? 그래서 '시예시확'을 글자 그대로 옮겨 보면, '그것을 베어 내고 그것을 삶노라'라고 할 수 있는데, 어쩐지 폼이 안 나는 것 같죠. 그래서 어떤 분들은 이 구절을 번역할 때 '베기도 하고 삶기도 한다'라고 합니다. '시'(是) 자를 의도적으로 해석하지 않는 거지요. 그렇다고 해도 틀렸다고는 할 수 없어요. 시니까, 어느 정도 자의적 해석이 허용된답니다.

그 다음 '위치위격'에서 '치'(絺)와 '격'(綌)은 보통 '치격'이라는 한 단어로 쓰이지요. '위'(爲)는 '만들다'라는 뜻이니까 '위치위격'은 '치를 만들고 격을 만든다'라는 말이겠지요? '치'와 '격'은 모두 '칡베'(갈포)라는 뜻입니다. 그렇다면 이 둘은 어떻게 다를까요? 우리가 베옷을 만들 때 어떤 것은 실을 가늘게 뽑아서 곱게 만들고, 어떤 것은 굵게 뽑아서 거칠게 만드는 경우가 있지요. '치'는 가는 갈옷이고, '격'은 굵은 (거친) 갈옷입니다. 옷의 용도에 따라 고급 옷은 곱게 뽑고, 일상복은 거칠게 뽑는 거예요. '위치위격'처럼 옷감을 짜는 모습을 노래한 것들을 일종의 '노동요'라 보기도 합니다. 여인들이 이런 노래를 부르면서 일을 하지 않았을까요? 아무튼 우리는 여기서 칡넝쿨을 캐다가 옷을 만드는 여성의 노동 과정을 알 수 있네요.

'복지무역'의 '복'(服)은 '옷을 입는다'라는 뜻입니다. 자신이 실을 자아서 옷을 해 입는다는 말이지요. '역'(斁)은 '싫어하다'인데, '斁'의 본래 한자음은 '두'입니다. 하지만 여기서는 '역'으로 읽습니다. 시는 라임(rhyme)을 맞추어야 하기 때문에 이렇게 원래 음과는 다르게 읽는 경우가 있습니다. 그런데 이게 익숙지 않고 힘드시다면 원음으로 읽으셔도 됩니다. '복지무역'을 풀면 어떻게 될까요? 자신이 만든 옷을 입는데 그것이 오래되어도 싫증나지 않는다! 입을 때마다 너무 예쁘고 마음에 들었나 봅니다.

여기에서 이에 관한 주자 주를 보실까요?

이는 "한여름에 칡이 다 자라서 이때에 손질해 갈포를 짜니, 옷을 해 입음에 싫증나는 일이 없다"라고 말한 것이다. 대개 직접 힘든 일을 하여 옷을 만들었으니, 그 일이 쉽지 않음을 알기에 마음으로 진실로 아껴서 비록 때가 묻고 해졌지만 차마 싫증내어 버리지 못하는 것이다.

此言盛夏之時葛旣成矣, 於是治以爲布而服之無厭.
차 언 성 하 지 시 갈 기 성 의   어 시 치 이 위 포 이 복 지 무 염
蓋親執其勞而知其成之不易, 所以心誠愛之,
개 친 집 기 로 이 지 기 성 지 불 이   소 이 심 성 애 지
雖極垢弊而不忍厭棄也.
수 극 구 폐 이 불 인 염 기 야

직접 칡뿌리를 캐고 다듬고 삶고…. 직접 이런 일을 했으니 얼마나 힘든지를 알지요. 그러면 지금 입고 있는 옷이 귀하지요. 그래서 더욱 오래 입고 때가 타도 싫증내지 않는 겁니다. 요새 우리 시대에 쉽게 사고 쉽게 버리는 것과는 정말 다르네요.

③ 言告師氏 言告言歸 薄汚我私 薄澣我衣
　害澣害否 歸寧父母

3장은 이야기가 조금 달라지죠. 형식도 A″가 아니라, B로 바뀝니다. 이렇게 시의 형식 면에서 『시경』을 볼 필요도 있는

데요. 『시경』 300수를 통틀어서 분석해 보면, 모든 작품이 1절, 2절, 3절로, 그리고 구 단위로 나뉘어 막 돌아다니다가 레고 조각처럼 조합이 된 것이라고 볼 수도 있어요. 그러면서 조합 과정에서 각기 다른 시, 다른 의미를 만들어 내죠. 따라서 우리가 읽어 나갈 시 300수는 어떤 한 가지 버전으로 원형대로 전해져 내려온 것이라고 보시면 안 됩니다. 이 시들은 모두 입에서 입으로 전해진 민요잖아요? 현재 우리가 알고 있는 민요들도 대부분 이 노래 가사 저 노래 가사가 섞여 있지요.

시의 내용을 보면, 1장과 2장, 그러니까 A-A′에서는 한 여인이 칡넝쿨을 잘라서 실을 뽑아 옷을 해 입었어요. 그런데 갑자기 '사씨에게 고하여~'(言告師氏) 이렇게 시가 이어지지요. '언고사씨, 언고언귀'(言告師氏 言告言歸)라는 두 구절에만 '言' 자가 3번이나 나오네요? '언'(言) 자의 주를 보면 '언(言)은 사(辭)'라고 되어 있습니다. '언'이 어조사라는 뜻인데요. 결국 해석하지 말라는 말입니다. 『시경』을 공부하실 때 첫번째 부딪치는 부담감은 '도대체 무엇을 해석하고 무엇을 해석하지 말란 말인가?'입니다. 그런데 이런 의문은 함께 시를 읽어 나가다 보면 자연스럽게 해결됩니다. 글자 수를 맞추기 위해 들어간 글자들은 해석하지 않고, 특정 글자들이 그런 역할을 한다는 걸 자연스럽게 알게 되지요.

'언고사씨'부터 자세히 보죠. '언'(言)은 해석하지 않고요. '고'(告)는 '고하다', '말하다'라는 뜻입니다. '사'(師)는 모두 아시다시피 '스승'이라는 뜻이지요? 직접 칡을 캐다가 옷을 해 입는 여자에게 왜 갑자기 선생이 나타나는 걸까요? 좀 이상하죠? 주석에서는 '사'(師)는 여사(女師)다'라고 되어 있습니다. 고대의 귀족 가문엔 여자 가정교사가 있었다고 합니다. 여성들의 교육을 담당하는 여선생이 있었던 겁니다. 특히 중국의 소설을 보면 집안의 고모가 여사가 되는 경우가 더러 있어요. 결혼했던 고모가 나이 들어서 친정으로 돌아오는 겁니다. 『홍루몽』에도 그런 설정이 있지요. 또, 유모가 여사 노릇을 하기도 해요. 시집갈 때 종종 유모가 따라가거든요. 신부는 시집살이에 관한 이런저런 일들을 유모와 상의하곤 합니다. 이렇게 주자는 '사'(師)를 '여사'(女師)라고 본 것인데, 여러 가지로 해석될 여지가 열려 있습니다. '사'(師)가 남편의 성일 수도 있어요.

'언고언귀'의 '언'(言)도 둘 다 해석하지 않아요. 이 구절에서는 '귀'(歸)를 유심히 봐주세요. '귀'는 본래 '돌아가다'라는 뜻인데, 여기서는 친정 부모님께 인사 가는 것을 말해요. 조금 뒤에 '귀녕'(歸寧)이라는 단어가 나올 렌데요. '귀' 한 글자가 '귀녕'과 같은 의미로 쓰였지요. 여기에도 여러 설이 있습니다. 이 당시엔 1년에 친정을 몇 번 갔을까요? 요새야 친정 옆에 딱 붙어 사니까 셀 수도 없고요. 예전 귀족 여인들은 친정을 1년에 한 번 정도 갈 수 있었대요. 제후의 부인들은 제후의 딸인 경우가 많지요. 그런데 친정 부모님이 돌아가셔도 가지 못합니다. 제후의 상(喪)은 국가적인 행사이기 때문에 아무리 딸이라 해도 직접 가지 못하고 자신이 시집간 집안의 대부(大夫)가 대표로 조문을 가는 것이 예(禮)였지요.

'언고사씨, 언고언귀'의 뜻을 다시 정리해 보면요. '사씨'(師氏, 女師)에게 말해서 '귀'(歸)를 '고'(告)하게 한다는 거죠. 귀는 '부모님께 안부 인사[歸寧]를 간다'는 뜻이고요. '고'(告)는 자기가 직접 말하는 게 아니라 사씨가 시어른들에게 '귀녕'을 말씀드리게 한다는 뜻이지요. 집안에서 어떤 일에 대한 절차를 논할 때 사씨가 그걸 주선했던 겁니다. 지금은 친정에 함께 살거나 가까이 있기 때문에 이런 말을 할 일이 없지요. 고대에는 친정 가는 게 이처럼 큰일이었던 겁니다. 1년에 한 번 정도밖에 기회가 없으니까요. 그런데 이 노래는 분명 민요인데, 평민층에 무슨 '여사'가 있었겠냐는 의문도 가능합니다. 이렇게 해석을 하면 완전히 귀족층의 노래가 되어 버리잖아요. 그래서 요새는 이렇게 해석하지 않는 경향이 많아요. 앞에서 이야기한 것처럼 '사씨'를 여사가 아니라, 남편의 성으로 해석하거나, 혹은 시부모로 보기도 합니다. 우리는 주자의 주를 읽으면서 주자가 12세기 사람이라는 것을 생각해야 합니다. 주자는 각 집안마다 이런 역할을 하는 선생이 있었다고 생각했어요. 여자들이 밖으로 나가 학교에 다니질 못하니 여사가 집에서 그들을 가르쳤다고 본 겁니다.

다음 구절로 넘어가 볼까요. 부모님께 안부 인사를 하러 친정에 가는 거지요. 그래서 작중 화자의 마음이 들떠 있는 느낌이 들지요? 이 상태가 되면 '나'는 바빠져요. 옷을 빨아 입고 가야 할 것 아닙니까? 예전에는 빨래도 자주 하지 못했을 테니까, 이럴 때 빨래를 해서 차려입어야 하겠지요. 그래서 다음 구절에 옷을 깨끗이 빨아 입는 내용이 나오는 겁니다.

'박오아사'(薄汚我私)의 '박'(薄)은 본래 '얇다'라는 뜻이지요. 그런데 여기서는 '적다'[少]의 의미가 있습니다. 친정 갈 준비를 해야 하니까 이것저것 해놓을 게 너무 많은 거예요! 잠깐 잠깐 이 일 저 일을 하다 보니 엄청 바쁩니다. 그래서 '박'은 '이 일 저 일 많은 중에 잠깐 틈을 내어'가 됩니다. '잠깐'이란 단순히 '짧은 시간'이란 뜻만이 아니에요. 설명 드린 것처럼 이 일 저 일 준비하느라 '바쁘다'는 상황을 담고 있어요. '박' 자를 해석하지 않는 경우도 더러 있습니다.

'오'(汚)는 본래 '더럽다'는 뜻이죠. 더러운 묵은 빨래를 빠는 것도 이 '오' 자로 표현을 합니다. 묵은 빨래를 막 문지르고 치대어 깨끗이 빠는 것을 '오'라고 하는 거죠. 이렇게 하나의 글자가 반대의 뜻을 갖는 것이 참 재미있지요? '아사'(我私)에서 '사'(私)는 두 가지 뜻이 있습니다. 안에 입는 속옷, 혹은 평상시에 입는 옷을 말하지요. 여기서는 후자의 뜻으로 쓰였습니다. 옷에는 보통 두 종류가 있지요? 일상복과 예복. 요즘도 그렇잖아요? 일상복은 대개 낡고 때가 더 많이 탔을 것 아닙니까? 그러니까 친정으로 가기 전 그 바쁜 와중에 '박오아사', 즉 일상복을 문질러 빠는 겁니다.

'박한아의'(薄澣我衣)의 '한'(澣)은 역시 '빨다, 세탁한다'라는 뜻이고요. '의'(衣)는 외출복입니다. 친정에 가니까 가장 좋은 외출복을 입고 가야지요. 나의 외출복을 '한', 즉 세탁하는 것이죠. 그런데 이 '한'은 앞의 '오'보다는 살살 빠는 거예요. 외출복은 좋은 옷이니까 좀더 살살 빨아야겠지요.

'할한할부 귀녕부모'(害澣害否 歸寧父母)에서 '할한할부'의 '害'은 '해'라고 읽으셔도 되는데, 여기서는 '갈' 또는 '할'로 읽으라고 되어 있어요. '害' 자를 사전에서 찾아보시면요.

세 가지의 음과 뜻이 나온답니다. 첫번째는 '해칠 해'. 두번째는 '어느 할'. 세번째는 '어찌 아니할 갈'. 어느 것을 택해야 할지 참 헷갈려요. 저는 일단 '할'로 읽을 텐데요. 이렇게 한 자음이 복잡해지니까 일부 해석본에서는 그냥 '해' 자로 읽고 번역만 '어느 할'로 해놓기도 합니다. 몇천 년이 지났지만 아직까지 한자음이 통일되지는 않았어요. 특히 시의 경우 라임을 맞추는 문제 등이 있기 때문이지요. '할한할부'의 '할'은 '어느' 혹은 '무엇'의 뜻인데요. 풀어 보면 '무엇은 빨고, 무엇은 빨지 않겠는가?'입니다. 결국 뭐예요? 다 빤다는 뜻이죠. 일상복을 빨아서 정리해 놓고, 친정 갈 때 입을 외출옷도 미리 세탁해 둔다는 거죠.

'귀녕부모'(歸寧父母)에서 '귀'는 친정에 돌아가는 것이고요. '녕'은 본래 '편안하다'란 뜻인데, '안부를 묻는다'는 의미가 되겠지요. 그래서 두 글자가 합쳐진 '귀녕'은 친정에 가서 부모님께 안부를 묻는다는 뜻이 됩니다.

세번째 장까지 해석을 해보았는데요. 처음에 '칡넝쿨이 뻗어 있네~'로 시작해서, 뒤에 가서 친정 나들이 하는 것으로 끝나죠. 앞에서 말씀드린 것처럼 1, 2장과 3장의 시상 전개가 불연속적이라고 했잖아요? 『시경』을 읽다 보면 다른 작품에서는 칡넝쿨이 뻗어 간다는 소재가 그리움이 뻗어 간다든가, 내 걱정이 하염없이 이어진다라는 시상과 연결되는 경우도 나옵니다. 이런 걸 볼 때 이런 구절들이 각자 돌아다니다가 이런 식으로 조합되어 정착된 게 아닐까 추측하는 거예요. '가는 갈포와 거친 갈포'[絺綌]를 만드는 노동의 과정이, 이렇게 애써서 만든 옷을 입고 친정 나들이 하는 것으로 연결되면서 〈갈담〉 한 편이 완성되었네요. 『모시』(毛詩)에서는 〈갈담〉의 화자를 제후의 부인으로 보았어요. 예전에는 왕과 제후의 부인들도 모두 길쌈을 해야 했으니까요. 우리는 꼭 그렇게 작중 화자를 특정해서 해석할 필요는 없을 듯해요. 그냥 친정 나들이를 앞두고 설레고 있는 한 여인의 시로 보면 충분합니다.

3. 권이卷耳

采采卷耳 不盈頃筐
채 채 권 이 불 영 경 광

嗟我懷人 寘彼周行
차 아 회 인 치 피 주 행

나물을 뜯고 또 뜯는데,
기운 광주리는 차지 않네.
아, 내가 그대를 그리워함이여.
저 큰길가에 광주리를 던져 두네.

陟彼崔嵬 我馬虺隤
척 피 최 외 아 마 회 퇴

我姑酌彼金罍 維以不永懷
아 고 작 피 금 뢰 유 이 불 영 회

저 높은 산등성이에 오르려 하나,
내 말이 병들었네.
내 잠시 저 금술잔에 술 따르며,
오래도록 그리워하지는 않으리.

陟彼高岡 我馬玄黃
척 피 고 강 아 마 현 황

我姑酌彼兕觥 維以不永傷
아 고 작 피 시 굉 유 이 불 영 상

저 높은 언덕에 오르려 하나,
내 말이 병들었네.
내 잠시 저 뿔잔에 술 따르며,
오래도록 마음 아파하지는 않으리.

陟彼砠矣 我馬瘏矣
척 피 저 의 아 마 도 의

我僕痡矣 云何吁矣
아 복 부 의 운 하 우 의

저 돌산에 오르고자 하나,
내 말이 병들었네.
내 마부도 병들었으니,
어찌 나를 이리 탄식하게 하는가.

세번째 시 〈권이〉에는 나물을 캐는 여인이 나오는군요. 그런데 나물 캐는 노래에 왜 이리 복잡한 단어들이 나올까요? 한 구절씩 살펴보죠.

① 采采卷耳 不盈頃筐 嗟我懷人 寘彼周行

첫 구절 '채채권이'(采采卷耳)에서 이 '채'(采)는 '캘 채'예요. '뜯는다'고 번역하는데, 주로 나물을 뜯는 표현에서 많이 나옵니다. '권이'는 식물인데요. 이게 무슨 식물인지는 번역본마다 다 다릅니다. 쥐 이빨처럼 생긴 '모시풀'이라고도 하고, '도꼬마리'로 풀기도 합니다. 여기서는 '나물'이라고 하겠습니다. '채채권이'는 '권이나물을 캐고 캔다'라고 해석할 수 있는데, 우리가 쑥이나 고사리를 뜯을 때 연이어 계속 뜯잖아요? 그런 장면을 연상하시면 됩니다.

그다음 '불영경광'(不盈頃筐)의 '경광'(頃筐)은 한 단어입니다. 여기서 '경'은 '기울었다'는 뜻이고, '광'은 나물 캐는 아가씨가 들고 있는 바구니고요. 나물 캐는 아가씨들은, 빨리 담으려고 한쪽으로 기울어진 모양의 바구니를 들고 다니는데, 이것을 '경광'이라 하지요. 자기 쪽으로 바구니가 기울어져 있으면 담기가 쉽겠지요? 그런데 이 바구니가 가득 차지 않는다고 말하네요. 왜 그런 걸까요? 열심히 나물을 뜯었다면 바구니를 금방 채웠을 텐데요. 나물을 뜯으면서도 생각이 다른 곳에 가 있기 때문이지요.

왜 그런가를 봐야겠죠. 여자는 '차아회인'(嗟我懷人)이라고 탄식합니다. '차'(嗟)는 감탄사고요, '회'(懷)는 '가슴에 품을 회'인데 여기서는 '그리워한다'는 뜻입니다. '차아회인'은 '내가 그 사람을 그리워하노라'라고 풀 수 있지요. '회인'은 지금 말로는 '애인'(愛人)이에요. 원래 '애인'보다는 '회인'이라는 말이 많이 쓰였답니다. '회인'과 같은 말로 '사인'(思人)도 있는데 이 역시 그리운 사람이라는 뜻이죠. '애인'보다 표현이 훨씬 좋은데, 여러분은 어떠신지 모르겠네요. 그래서 '차아회인'을 번역하면 '아, 나의 그리운 사람이여' 이렇게 해석하셔도 좋겠지요. 한문 그대로 '아, 내가 그대를 그리워함이여', 이렇게 해도 되고요.

'치피주행'(寘彼周行)의 '치'(寘)는 바구니를 '내던져 놓다'로 보면 됩니다. 나물을 언덕에서 캤을 것 아니에요? 그런데 나물을 캐다 갑자기 바구니를 던져 놓았다고 하네요. '주행'은 '큰길가'라는 뜻이고요. 나물을 캐다 바구니를 길가에 던져 놓고 전쟁 나간 남편을 그리워하거나, 떠나간 애인을 그리워하는 장면이라고 보면 되겠지요. 어쨌든 이 여자는 지금은 곁에 없는 사람에 대한 그리움이 마음속에 가득해서 더 이상 나물을 캐지 못하고 있는 거죠.

② 陟彼崔嵬 我馬虺隤 我姑酌彼金罍

　　維以不永懷

1장의 시작은 '채채'(采采)였는데, 2장~4장에는 '채채'가 있을 자리에 '척피'(陟彼)가 있어요. 이 시는 A-B-B′-B″의 구조를 갖고 있습니다. B~B″끼리는 어울리는데, A랑은 좀 안 어울리죠. A에서는 나물 캐는 여자가 나오는데 B~B″에서는 고급 술잔에 마부 이야기가 나오니까요. 이것 역시 민요다운 구조라고 이해하시면 됩니다.

　　첫 구절 '척피최외'(陟彼崔嵬)를 볼까요. 좀 전까지만 해도 나물을 캐던 여인이 더 이상 그리움을 참지 못하고 나물 바구니를 집어던지더니 높은 곳으로 올라갑니다. '척'(陟)은 '오를 척'인데요. 이후에 다룰 2장~4장에서 올라가는 곳이 다 다릅니다. 미리 좀 살펴보면, 2장에서는 '최외'(崔嵬), 3장에서는 '고강'(高岡), 4장에서는 '저'(砠)라고 하는데, 각각 다르긴 하지만 모두 높은 곳이지요. '최'는 산이 우뚝한 것이고, '외'는 산이 뾰족한 모습이지요. 이렇게 『시경』의 여자들은 그리울 때 주로 높은 곳에 올라가서, 그리운 이가 있는 쪽을 바라봅니다. 우리는 어떻게 하죠? 그냥 이불 뒤집어쓰고 있지 않나요? 『시경』의 여인들은 모두 일하면서 그리워하고, 그러다가 다시 일합니다. 그 시대에 징징대며 우울해했다가는 굶어 죽기 십상이죠. 이런 것만 보아도 우리가 가지고 있는 음전한 고전 여성상에 관한 편향된 이미지를 바꿀 필요가 있을 것 같아요.

'아마회퇴'(我馬虺隤)에서 '회퇴'(虺隤)는 글자가 조금 어렵지요? 하지만 생소한 한자라고 어렵다고 미리 기죽을 필요는 없답니다. 함께 풀어 보도록 하죠. 제가 지금 '회'라고 읽었죠. 원래는 '살모사 훼' 자예요. 그런데 『시경』에서는 '회퇴'가 한 단어로 쓰여서 '고달프다, 지쳤다'라는 의미를 갖습니다. 『시경』을 읽다 보면 이런 생소한 단어가 앞으로 무수히 나오는데요. 일단 그러려니 하시고요. 눈에 좀 익혀 두시면 좋습니다. 『시경』의 이런 표현들은 이후 동양 문화권에서 성어(成語)나 독립된 단어가 되어서 그대로 쓰이는 경우가 많거든요. 특정 상황에서 이 단어가 나오면 『시경』〈권이〉로 연결되면서 그리움이라는 뉘앙스를 갖게 되는 거죠. 이런 단어들이 마치 레고 블록처럼 돌아다닙니다. 당연히 후대의 시들에서도 『시경』의 이런 단어들이 사용되고, 『시경』의 맥락이 그 작품에 자연스럽게 들어가게 됩니다. 그러니까 이후의 시에서 '회퇴'라는 단어가 나오면『시경』〈권이〉에서 사용되었을 때의 이미지를 차용한 것이지요. 그래서 문학 전공자들은『시경』을 꼭 읽어야 하는 거고요. 자, 다시 돌아가서, 저 깎아지른 산등성이에 올라가 님 있는 곳을 보고 싶은데, 내 말이 '회퇴', 즉 고달프고 지쳤다고 하죠. 결국, '가지 못한다'는 뜻이겠죠. 또 '내 말이 병들었다'고도 봅니다. 그런데 이걸 너무 그리워서 올라가 바라볼 기력조차 없다고 해석할 수도 있을 듯해요.

그다음 '아고작피금뢰'(我姑酌彼金罍)에서 여자는 드디어 술 한잔 마시고 마음을 고쳐먹습니다. 너무 괴로우니 술 한잔 마시고 잊겠다는 거죠. 그런데 이 구는 좀 특이하죠. 작중 화자가 '아'(我)로 나오고요. 글자 수도 네 글자가 아닌 여섯 글자로 되어 있어요. 가끔 이런 변형이 있기는 한데, 여섯 글자까지가 최대입니다. 일곱 글자까지는 늘어나지 않고요. '고'(姑) 자는 본래 '시어머니 고'인데, 시에서 그 뜻으로 쓰이는 경우는 거의 없어요. '잠시, 잠깐'이란 뜻으로 많이 쓰입니다. 내가 '잠시라도 ~해서 잊어야지', 이런 뜻으로 쓰인 겁니다. 그러니까 화자는 지금 너무 괴로워서, 잠시[姑] 술을 따라 마실[酌] 수밖에 없습니다. '작'(酌)은 '잔질하다', 즉 술을 따른다는 뜻이고요. 그런데 어디에 술을 따르죠? '금뢰'(金罍)에다 따른다고 하고 있죠. 나물 캐던 여자가 갑자기 아주 비싸고 좋은 술잔을 이야기하고 있습니다. '금'은 주석이나 철 등의 금속제품 전반을 가리키는 말이고요. '뢰'는 그릇의 형태인데 문양이 있는 큰 술잔이지요.

그런데 '금뢰'의 사진을 보면 '잔'이 아니라 '동이'처럼 보여요. 그러니까 술 한 잔이 아니라 좀 많이 마신 모양입니다. 아무튼, 나물 캐는 여자가 말하는 '금뢰'를 어떻게 봐야 할까요? 이건 그냥 나무 잔에 마시면서도 '금뢰'라 생각했다는 정도로 보셔도 됩니다. 자기가 '가지고 있는 것 중에 가장 좋은 술잔'을 그렇게 표현한 거라고 할 수 있겠지요.

그다음 '유이불영회'(維以不永懷)에서 '유'(維) 자는 해석하지 마시고요. '영'(永)은 길다는 뜻이니 '오래도록 그리워하지는 않으리라'라고 풉니다. 그리움이 너무 깊어서 잠시나마 잊으려고 술의 힘을 빌리고, 또 그렇게 이야기를 하는 거겠죠. 하지만 그리운 사람을 향한 마음을 쉽게 접을 수는 없겠지요.

③ 陟彼高岡 我馬玄黃 我姑酌彼兕觥

　　維以不永傷

3장입니다. '척피고강'(陟彼高岡)의 '강'(岡)은 '언덕 강'이죠. 저 높은 언덕에 오르려 하는데, '아마현황'(我馬玄黃)이라고 하네요. '현황'(玄黃)도 역시 병들었다는 말입니다. 사실 현황은 『천자문』의 첫 구로 유명하지요. '천지현황'(天地玄黃)! 여기서는 '검은 말이 지쳐서 누렇게 되었다'라는 뜻입니다. 말이 황달 걸린 것처럼 말이죠.

　　그래서 세번째 장에서도 결국 올라가지 못하죠. 그래서 앞 장과 비슷한 구절이 이어집니다. '아고작피시굉'(我姑酌彼兕觥), 여기서도 '고'(姑)를 살려야 하는데요. 정서를 전환하는 글자거든요. 여기서는 '내 잠시 저 시굉에다가 술을 마셔서…' 이런 뜻이 되겠죠. 시굉에서 '시'(兕)는 무소뿔, '굉'(觥)은 뿔 모양의 술잔이에요. '금뢰'가 한 단어이듯 '시굉'도 한 단어입니다. 금뢰든 시굉이든 '군주가 쓰는 최고급 술잔'을 말하고요. 그다음 유이불영상(維以不永傷). 앞 구의 '영회'(永懷)가 여기서는 '영상'(永傷)이 되었네요. 마음이 너무 아픈 거겠죠. 그래서 '오래 마음 아프지 않으리라'라고 다짐을 하는 겁니다. '상'은 마음이 깊게 상처 입는 거예요.

④ 陟彼砠矣 我馬瘏矣 我僕痡矣 云何吁矣

마지막 구절은 다시 네 글자씩으로 짧아졌네요. '척피저의'(陟彼砠矣)에서 '저'(砠)는 돌산입니다. '내가 저 돌산에 오르고자 하지만' 이렇게 되죠. '아마도의'(我馬瘏矣)에서 '도'(瘏)는 언뜻 봐도 병난 것처럼 보이지요? '내 말이 병났도다'가 돼요. 이 '도'는 너무 아파서 걸을 수 없을 때 쓰는 겁니다. 내 말이 병들어 갈 수 없도다. 이렇게 해석하는 게 좋습니다. 그다음 '아복부의, 운하우의'(我僕痡矣 云何吁矣)에서 '복'(僕)은 마부를 말하고요. '운하우의'에서 '운'(云)은 해석하지 않으셔도 됩니다. '우'(吁)는 '탄식한다'는 뜻이고요. '어찌 나로 하여금 이렇게 탄식하게 하는가'라고 풀 수 있겠지요. 비록 나물을 캐는 여자지만, 말도 있고 마부도 있는 사람인가 보네요? 물론 정말 있는지 없는지는 알 수 없습니다. 아무튼 나의 말도 병들고 마부도 병들어서, 결국은 높은 곳으로 올라가 그리움을 시원하게 풀 수가 없다는 거죠. 이 구절이 다른 책에 인용될 때는 '우'(吁)가 '우'(盱)로 되어 있는 경우도 있습니다. 그렇게 쓰인 경우에는 '쳐다본다'라 번역되어서, 이 구절이 '어찌 나를 (남편이나 애인이 있는 곳을) 하염없이 바라보게 하는가' 정도로 풀기도 합니다.

자 이렇게 시 전체를 살펴보았고요. 마지막으로 시 전체의 정서에 대해서 이야기하고 마무리하겠습니다. 앞에서 '아고작피금뢰'를 설명할 때, '고'를 '잠깐'이라 했었어요. 그러나 잠깐 술을 마신다고 이 여자의 그리움이 해소될 것 같나요? 아니죠. 이렇게 이 시는『시경』의 주된 정서 중 하나인 그리움에 대해 다루고 있습니다. 지금도 아니라고 할 수 없지만,『시경』의 시대는 연이은 전쟁의 시대예요. 그런 이유로『시경』에는 전쟁 나간 남편이나 아들을 그리워하거나, 또는 전쟁 나간 사람이 가족을 그리워하는 노래가 엄청 많답니다!

4. 규목樛木

南有樛木 葛藟纍之
남 유 규 목 갈 류 류 지

남산에 가지 늘어진 나무가 있거늘
칡넝쿨이 감겨 있네.

樂只君子 福履綏之
락 지 군 자 복 리 수 지

즐거운 군자여,
복록을 누리며 편안하시리.

南有樛木 葛藟荒之
남 유 규 목 갈 류 황 지

남산에 가지 늘어진 나무가 있거늘
칡넝쿨이 덮고 있네.

樂只君子 福履將之
락 지 군 자 복 리 장 지

즐거운 군자여,
복록이 그대를 도우리.

南有樛木 葛藟縈之
남 유 규 목 갈 류 영 지

남산에 가지 늘어진 나무가 있거늘
칡넝쿨이 얽혀 있네.

樂只君子 福履成之
락 지 군 자 복 리 성 지

즐거운 군자여,
복록을 영원히 이루리라.

『시경』은 번역의 정본이라고 할 수 있는 것이 없습니다. 예전에 유명한 한학자 분은 과감하게 생략을 하셔서 정말 현대시처럼 의역을 하셨던 적도 있어요. 그런 책들이 도리어 인기가 있었습니다. 시를 한 글자, 한 글자 다 직역한다? 그러면 시의 맛을 살리기 어렵지요. 저는 젊을 때 김달진 선생을 비롯한 많은 원로들의 번역을 보고 '이상하다. 너무 의역이다'라고 생각했던 적이 있어요. 그런데 나이가 들면서 그런 맥락을 살린 의역이 더 마음에 들더라고요. 일단 『시경』 완독을 목표로 하는 이 시간에는 직역을 먼저 하고 있지만요.

이번 시간엔 〈규목〉을 볼 차례죠? 미리 말씀드리면, 〈규목〉에는 '뭐야, 처첩이라니, 이거 남존여비 아냐?'라는 생각이 들게 하는 구절이 나와요. 그런데 생각해 보면, 『시경』이 3000년 전 형성되었다는 이야기도 있잖아요? 기본적으로 아주 오래된 민요니까, 21세기의 우리와는 남녀에 대한 관념도 제도도 다르다는 것을 염두에 두고 시를 읽어 나가야겠지요.

〈규목〉을 보면, 우선 구조가 단순해서 마음에 듭니다. 전형적인 A-A′-A″의 구조죠. 글자만 바뀌고 같은 형태가 반복됩니다. 『시경』 연구자들은 단순한 구조일수록 더 오래된 노래라고 본답니다. 그럼 1장부터 들어가 보죠.

① 南有樛木 葛藟纍之 樂只君子 福履綏之

'남유규목'(南有樛木)의 '남'(南)은 남쪽이니까 따뜻한 곳이라고 생각하면 좋겠죠? 그런데 주자는 이 '남'을 굳이 '남산'으로 해석하고 싶어 해요. 지금 우리가 '인문학당 상우'에서 공부하다 가끔 눈을 들어 바라보는 산도 남산이지요. 사실 남쪽에 있는 산은 다 남산이라서 웬만한 곳에는 다 있거든요. 그러니까 그냥 '남쪽에'라고 번역을 해도 좋을 것 같아요.

그리고 '남유규목'의 '규'(樛)라는 글자에 먼저 집중해서 봐주세요. 이 글자의 아랫부분은 나무가지가 축 늘어져 휜 모습을 나타낸 것이랍니다. 나무가 워낙 커서 나뭇가지가 쭉쭉 아래로 휘었다는 이미지인데요. 이 이미지가 바로 '너그럽다', '많은 것들을 품어 준다'라는 뜻을 만들어 냅니다. 누가 누구를 품어 준다는 걸까요. 주자의 해석에 의하면 '규목'은 정처 후비(后妃, 제후의 정실부인)이고 다음 구절의 '갈류'는 중첩(衆妾), 많은 첩들입니다. 그래서 이 시가 무슨 내용인지를 다시 보면, 정처(후비)가 남산에 있는, 가지를 아래로 늘어뜨린 큰 나무처럼 품이 아주 넉넉해서 첩들을 질투하는 마음 없이 넉넉히 품어 준다는 말입니다. 어이없다고요? 지금 세상에서는 있을 수 없는 일이지요.

'갈류류지'(葛藟纍之)의 '갈'(葛)은 칡이고 '류'(藟)는 칡넝쿨인데, '갈류'가 한 단어로 칡넝쿨이 됩니다. '류'(纍)는 '감겨 있다, 둘둘 말고 있다'라는 뜻이에요. 많은 첩들이 칡넝쿨처럼 정처에게 의지해서 얽혀 있다니, 지금 우리의 감각으로 보면 뭔 소리인가 싶지요. 조금 더 해석해 보겠습니다.

『시경』을 읽다 보면 '락지군자'(樂只君子)라는 말이 정말 많이 나와요. 여기서의 '지'(只)는 어사이니 해석하지 않습니다. 이번에도 네 글자를 맞추기 위해서 들어간 거죠. '락지군자'는 '즐거운 군자여'라고 번역하시면 되는데, 시에서는 '군자'라 해서 반드시 '남자'는 아닙니다. 여자일 경우도 있어요. 이 작품의 '군자'는 정처입니다. 남편에게 여자가 그렇게나 많은데 도대체 뭐가 즐거운 건가 싶어요. 그런데, 옛날에는 일부다처제였고, 정처의 권한이 막강했어요. 처와 첩은 주인과 종의 관계였는데요. 후덕한 정처는 첩들과 서로 도우며 자매처럼 지내기도 했지요.

그러면서 '복리수지'(福履綏之)라 하네요. 여기서의 '복리'(福履)는 한 단어예요. '리'(履)는 원래 '밟을 리'죠? '이력서'라고 쓸 때의 '이'(리)인데, 여기서는 '복리'가 묶여서 '복록'(福

祿)이란 뜻으로 쓰였어요. '수'(綏)는 '편안할 수'고요. 이 구절을 풀면 '복록을 누리며 편안하시리'이니, '그런 분이 정처가 되셨으니 큰 복을 누리시리라'라는 말이 됩니다. 이 장에서 중요한 것은요. 남쪽에 있는 '규목'은 본처, '갈류'는 첩들! '제가'(齊家)가 되려면 집안의 여성들, 처와 첩이 좋은 관계를 유지해야겠지요. 그런데 시대극을 보면 처첩이 서로 엄청나게 싸우죠? 남편을 사이에 두고 말이지요. 그런데 실상은 싸우는 경우가 드물었다고 해요. 대부분 사이좋게 지냈어요. 처가 악독하거나 첩이 처의 권한에 도전하는 경우에는 달라지지만요. 어떻게 그렇게 살았냐고 하실 수도 있습니다. 그런 시대가 있었답니다.

고대 신분제 사회에서는 태어나는 순간 자신의 '분'(分)이 결정되지요. 성장하면서 자신의 본분에 맞는 교육을 받고 가치관이 형성됩니다. 서녀(庶女)로 태어났으면 자기 집안과 맞는 집안의 첩으로 들어가는 거죠. 그렇게 타고난 신분에 맞춰서 사는 삶을 자연스럽게 받아들인 거예요. 그래서 관련 자료를 보면 우리의 예상과는 다르게 처와 첩은 사이가 좋습니다. 첩이 절대 복종하지요. 지체 높고 경제력이 되는 집안에서는 보통 한 명의 처와 두 명 이상의 첩이 있어야 집안 살림을 꾸릴 수 있었지요.

자, 이 경우 첫번째 부인은 경제권을 쥐고요, 안방에서 아이들을 교육하거나 농지 등을 관리하느라 바빠요. 서녀 출신의 첩이나, 드문 경우긴 하지만 기생 첩의 경우는 사랑방을 담당하죠. 손님들이 많이 오시니 술과 다과상도 내가고, 고급정보도 얻어요. 인사 정보 같은 것들이 오갈 것 아니에요? 그러니 사랑방 전문 첩이 필요하죠. 본처가 술상 들고 나가는 일은 없거든요. 지체 높은 집안의 교육 받은 서녀는 아이들 교육을 담당하는 '여사'(女師)가 되기도 합니다. 그리고 다른 한 명은 집안 어른 옆에서 항상 시중드는 역할을 해요. 아침에 일어나서 세수하고 식사하는 것도 챙겨 드리고 일어서시거나 움직이실 때 부축도 해야지요.

『소학』에 이런 내용이 나와요. 첩이 부모님을 지극정성으로 모시면 부모님은 유언을 하십니다. "그동안 애썼으니 재산을 후하게 줘서 편안하게 해주어라"라고요. 웬만한 규모의 집은 한 명의 처와 두 명의 첩이 역할 분담으로 운영되는 시스템이었다는 사실, 아시겠죠? 우리가 이렇게 바쁜 것은 혼자 이 역할들을 다 하기 때문이네요!^^ 당시엔 이처럼 맡은 역할이 다르고 각자의 역할을 인정했기 때문에 집안 싸움이 일어나지 않았습니다. 물론 예외는 있지요. 첩이 남편의 사랑을 독차지하려 할 때나, 자기 아들을 이용해서 정처를 내쫓으려 할 때 치열한 싸움이 일어나요. 「사씨남정기」(謝氏南征記)에서 일어나는 사건들이 그 예가 되지요. 첩이 처의 자리를 빼앗는 것은 『경국대전』(經國大典)에서부터 금지되어 있어요. 국법으로 금한 겁니다. 옛날에는 식구가 참 많았어요. 역할 분담이 분명했고요. 부부와 아들, 딸, 이렇게 서너 명으로 되어 있는 지금의 가족과는 많이 다르지요?

② 南有樛木 葛藟荒之 樂只君子 福履將之

2장은 1장과 비슷하죠. 두번째와 네번째 구의 한 글자에만 변화가 있습니다. 우선 '갈류황지'(葛藟荒之)의 '황'(荒)은 '거칠다', '황무지' 등의 뜻을 가지고 있습니다. 그런데 주자는 이걸 '덮을 엄(奄)'으로 해석합니다. 1장에서는 '얽어맸다'는 의미의 '류'(纍)였고요, 이젠 규목을 칡넝쿨이 덮고 있다는 의미의 '황'이에요.

　아까 말씀드렸듯이 이 시에서 '군자'는 제후의 정비를 가리키는데, '군자'라고 번역하면 남자로 생각할 수 있잖아요. 그래서 '즐거운 그대여'라고 번역해도 좋을 것 같아요. '락지'는 편안하다는 뜻이기도 하고요. 마지막 구의 '장'(將) 자를 볼까요? 이 '장' 자가 중요합니다. 보통은 '장군', '장차'

같은 뜻으로 쓰이는 글자죠? 하지만 『시경』에서는 '장'의 용례가 정말 다양하게 나옵니다. 여기에서는 '도움'이라는 뜻이에요. '장'이 '도울 조(助)'로 쓰인 건데요. 이런 용례는 『시경』에서 계속 나옵니다. '도우리라'라는 것은 무슨 의미겠어요? '복록이 그대에게 많이 온다'라는 이야기일 테니, 앞의 장과 구분이 되도록 여러분들이 각자 번역을 해보는 것도 좋겠네요.

③ 南有樛木 葛藟縈之 樂只君子 福履成之

3절도 마찬가지로 두번째와 네번째 구의 한 글자만 변화가 있죠. 처음 말씀드린 것처럼 A-A′-A″ 형식이라 구조가 좀 단조롭습니다. '갈류영지'(葛藟縈之)에서 '영'(縈)도 '얽히다'라는 뜻인데요. 정확하게는 마치 하회마을을 흐르는 강물처럼, 둘러서 돌아 나가는 모습을 표현할 때 이 글자를 써요. 아까 나온 '류'(纍)와는 구체적인 의미가 달라요. 2장의 덮고 있는 모습[荒]과도 다르고요. 큰 나무 그늘 아래 의지해서 산다는 의미입니다

　4구의 '복리성지'(福履成之)에서 '성'(成)은 이룬다는 뜻이죠? 주자는 '성(成)은 취(就)'라 해서 '나아갈 취(就)'라 말씀

하셨었어요. 복록이 찾아온다는 거죠. '복을 영원히 누리시리라'라고 하면 좋겠네요. 이 시에서 네번째 구를 해석할 때 '복록을 누리리라, 복록이 그대를 도우리라, 복록을 이루리라'처럼 변화를 주는 것이 좋습니다.

이 작품을 읽을 때 '규목'이라는 단어와 규목에 칡넝쿨이 뻗어 있는 이미지를 함께 연상하는 것이 좋습니다. 이 시는 '덕이 크신 분 아래에서 그 덕분에 사네'라는 의미로 인용됩니다. 반드시 처첩관계에서만 인용되는 것이 아니에요. '제가 큰 도움을 받았습니다'라고 말씀하실 때 쓰시면 좋아요. 형제 중에서도 넉넉한 사람이 있으면 이 시를 인용할 수 있어요. 제가 은사님 회갑잔치에 갔더니 동생분이 앞에 나가시더니 이 시를 읊더라고요. 형님의 넉넉한 덕으로 자신의 일생이 행복했다는 뜻이지요. 잔치 분위기가 갑자기 품격 있어졌지요. '남유규목'은 부모님에 대한 무한한 감사를 표할 때 쓰셔도 좋습니다. 여러분들도 고마운 인사를 하고 싶으실 때 인용해 보세요. 무척 기뻐하실 겁니다. 『시경』의 '규목'이 어떤 의미인가를 간단히 언급하신 후에요.

5. 종사 螽斯

螽斯羽 詵詵兮
종 사 우 선 선 혜

메뚜기 날개 소리 듣기 좋구나,

宜爾子孫 振振兮
의 이 자 손 진 진 혜

마땅히 너의 자손이 번성하리라.

螽斯羽 薨薨兮
종 사 우 훙 훙 혜

메뚜기 날개 소리 떼지어 나는구나.

宜爾子孫 繩繩兮
의 이 자 손 승 승 혜

마땅히 너의 자손이 이어지리라.

螽斯羽 揖揖兮
종 사 우 집 집 혜

메뚜기 날개 소리 듣기 좋구나.

宜爾子孫 蟄蟄兮
의 이 자 손 칩 칩 혜

마땅히 너의 자손이 번성하리라.

이번에 읽어 볼 시는, 젊은 학생들 앞에서 강의를 하면 상당히 기분 나빠합니다. 지금이 어떤 시대인데 다산을 장려하냐구요. 하지만, 그럴 필요 없다는 것을 미리 말씀드립니다. 이 시는 전체적으로 의성어, 의태어가 시의 정서를 이끌어 나갑니다. 선선(詵詵), 진진(振振), 훙훙(薨薨), 승승(繩繩), 집집(揖揖), 칩칩(蟄蟄). 적당한 번역어를 찾기 어렵고 설명도 많이 필요합니다.

① 螽斯羽 詵詵兮 宜爾子孫 振振兮

이번에는 벌레 이름이 나오네요. '종사'(螽斯)라는 벌레입니다. 『시경』에서는 '종사'를 대부분 '메뚜기'라 해석합니다. 조금 뒤에 '부종'(阜螽)이라는 벌레도 나오는데요, 비슷한 종류입니다. 주자는 종사를 '황'(蝗)이라 하셨어요. '황'은 우리말로는 '누리'라고도 하는데, 메뚜기 같은 겁니다. 한번 검색해 보세요. 예전에 펄벅(Pearl S. Buck)의 『대지』라는 소설에 보면 누리떼가 나옵니다. 영화도 있었잖아요? 찾아보시면 누리가 나와요. 중국의 누리는 메뚜기랑은 많이 달라서 크기가 남달라요! 전 처음 보고 참새인 줄 알았다니까요? 누리가 한 번 지나가면 그곳은 완전히 초토화됩니다. 나무고 풀이

삭이고 간에 남는 것이 없지요. 우리나라에 오는 누리는 그런 누리와는 다르다고 하네요. 그런데 '부종'을 메뚜기라고 해석하고, '종사'를 여치로 푸는 분들도 계시지요. 메뚜기도 여러 종류가 있으니 무엇으로 푸시든 무방합니다!

여기서 메뚜기의 모습을 묘사한 주자의 주석을 보고 가겠습니다.

종사는 메뚜기에 속하니 길고 푸르며, 더듬이가 길고 다리도 기니 다리를 서로 비벼서 소리를 낸다. 한 번에 99개의 알을 낳는다.

螽斯蝗屬, 長而靑, 長角長股, 能以股相切作聲,
종 사 황 속 장 이 청 장 각 장 고 능 이 고 상 절 작 성
一生九十九子.
일 생 구 십 구 자

주자는 이렇게 『시경』에 등장하는 동물·식물·조류·충류에 대해 최대한 사실적 설명을 한답니다. 공자가 말한 "시를 공부하면 조수초목의 이름을 많이 알 수 있다"(多識於鳥獸草木之名)는 것을 실증하듯이요. 지금 우리는 검색해서 그 모습을 확인하고 가겠습니다. 검색 시간 드리겠습니다.^^ 주자는 메뚜기가 다리를 비벼서 우는 소리를 낸다는데요. 『시경』에서는 이것을 날개의 소리라고 보았어요. 그래서 '종사

우 선선혜'는 '메뚜기의 날개 소리, 듣기 좋구나'라 번역돼요. 원래 '선'(詵)은 '많다'라는 뜻인데, 주자의 주석에는 '사이 좋게 모여 있는 모습'[和集貌]이라 되어 있죠. 그런데 정말로 사이가 좋을까요? 알 수 없죠. 사람들의 입장에서 그렇게 보는 거잖아요. '소리 듣기 좋다' 정도로만 번역해 주면 될 것 같습니다. 의성어, 의태어 뒤에 반복해서 나오는 '혜'(兮)는 대표적인 어조사입니다. 『초사』 형식에 많이 나오지요.

그런데 메뚜기는 왜 등장한 걸까요? 주자의 주석을 보면 쉽게 이해가 되죠. '일생구십구자'(一生九十九子)라고 합니다. '자'(子)는 '알'을 뜻하는 거죠. 한 번 알을 낳을 때 99개를 낳는다잖아요. 누가 세어 보지는 않았을 텐데, 99개라고 하고 있죠. 전근대 사회에서는 동식물에 인간의 시각을 투사하는데, '종사'라는 이 시는 메뚜기처럼 자손을 많이 두는 복을 누리라고 축하할 때 읊는 노래예요.

그다음 구를 볼까요. '의이자손'(宜爾子孫)의 '의' 자에 주목해 주세요. '마땅하다'라는 뜻이죠. 이런 글자가 시에 나오면 어떻게 번역할지 망설이게 됩니다. '너의 자손이 번성함이 마땅하도다'라고 해도 되지만, 요즘은 부사로 '의당, 마땅히' 등으로 처리합니다. '의'를 부사로 볼 것인가, 동사로 볼 것인가의 차이인 거죠. 우리 할아버지들은 주로 동사로 푸셨는데, 번역도 트렌드가 있으니 이제는 부사로 번역하는 것이 어감이 더 좋은 듯하네요. 마지막 구 '진진혜'의 '진'(振)은 '떨치다, 진동하다'라는 뜻인데, 여기서는 '무성하리라, 번성하리라'라고 해주세요.

1장을 살펴봤습니다. 메뚜기에 여자의 출산과 자손을 비유한 것이 참 황당하죠. '저 물건으로 이 물건을 비유한 것'[以彼物比此物]을 비(比)라 합니다. 여기서 '저 물건'은 메뚜기가 되겠고요, '이 물건'은 집안을 화목하게 이끌어 가는 여자가 되겠네요. 이 작품도 A–A′–A″의 단순구조입니다.

② 螽斯羽 薨薨兮 宜爾子孫 繩繩兮

제후가 세상을 등질 때 '훙'(薨)이라는 표현을 쓰죠? '훙서'(薨逝)라고도 하고요. 그런데 '종사우 훙훙혜'에서의 '훙훙'은 의성어예요. 메뚜기 여러 마리가 모여서 웅웅거리며 날아다니는 소리인 거죠.

'의이자손 승승혜'에서 '승'은 원래 밧줄로, 계속 이어진다는 뜻이고요. '마땅히 너의 자손이 이어지리라', 이렇게 번역됩니다. 참 단순한데요. 이렇게 단순한 작품이지만 이후에 많은 글과 작품에서 시집가는 여성의 다산 축하시로 인용됩니다.

③ 螽斯羽 揖揖兮 宜爾子孫 蟄蟄兮

이번에는 '종사우 집집혜'입니다. 보통 정중히 두 손을 모으고 인사하는 것을 '읍(揖)하다'라고 하죠? 여기서는 '揖'을 '집'으로 읽습니다. 앞에서 '선선'이 모여 있는 모습이었는데, '집집'도 많은 무리가 모여 있는 모습이고요. 『시경』이 어려운 것은 크게 두 가지 때문인데요. 첫번째는 해석이 안 되는 글자(허자)가 곳곳에서 등장한다는 점, 두번째는 기존의 한자음과 다르게 읽고, 다르게 해석되는 글자의 출현 빈도가 높다는 것입니다. 특히 '읍'(揖) 자가 '집'으로 읽히는 것처럼 의성어나 의태어로 쓰일 경우 음과 뜻이 같이 변하지요. 운을 맞추기 위해 음이 바뀌기도 하고요. 그다음 '칩칩혜'의 '칩'(蟄)은 경칩(驚蟄) 할 때의 '숨을 칩' 자인데요. 여기서 '칩칩'은 '많이 모이다'라는 뜻으로 쓰였습니다. 해석은 역시 '자손이 번성하는 것'이고요.

6. 도요桃夭

桃之夭夭 灼灼其華
도 지 요 요 작 작 기 화

어린 복숭아나무,
그 꽃이 활짝 폈네.

之子于歸 宜其室家
지 자 우 귀 의 기 실 가

시집가는 저 아가씨,
시집 식구들을 화목하게 하리라.

桃之夭夭 有蕡其實
도 지 요 요 유 분 기 실

어린 복숭아나무,
그 열매가 무성하네.

之子于歸 宜其家室
지 자 우 귀 의 기 가 실

시집가는 저 아가씨,
시집 식구들을 화목하게 하리라.

桃之夭夭 其葉蓁蓁
도 지 요 요 기 엽 진 진

어린 복숭아나무,
그 잎이 무성하도다.

之子于歸 宜其家人
지 자 우 귀 의 기 가 인

시집가는 저 아가씨,
시집 식구들을 화목하게 하리라.

이 작품은 너무나도 아름답고, 『시경』을 대표할 만큼 유명한 작품입니다. 〈관저〉(關雎)와 함께 결혼 축하곡으로 많이 쓰여요. 『시경』 중 '최애시'로 외우고 계신 분들이 많지요. 입춘에 입춘방을 붙일 때, '입춘대길'(立春大吉)도 좋지만 '도지요요'(桃之夭夭)라 쓰시면 아주 폼 납니다. 예전에 드라마 '전원일기'에서 최불암 아저씨가 입춘에 '도지요요'라고 써서 붙이시더라고요. 그걸 보면서 '아, 멋있다'라고 생각했어요. 훨씬 더 화려한, 봄의 계절감이 느껴지는 문구입니다. 이 시의 3장은 『대학』 전(傳) 9장에도 인용되어 있는데요. 『시경』 전체에서도 유명도로 따지면 '베스트 10' 안에들어가는, 〈관저〉 못지않은 작품이랍니다.

먼저 시를 전체적으로 살펴보시면, 맨 마지막 단어가 '실가'(室家), '가실'(家室), '가인'(家人)으로 조금씩 바뀌어 가는 것이 보이는데요. 이렇게 작은 변화에 주목하는 것도 『시경』 읽는 재미랍니다. 그럼, 한 구절씩 읽어 보겠습니다.

① 桃之夭夭 灼灼其華 之子于歸 宜其室家

'도지요요'(桃之夭夭)의 '도'(桃)는 복숭아나무입니다. '요요'의 '요'(夭)는 '어리다'라는 뜻이죠. 이제 막 봄에 나뭇가지들이 자라고 잎이 갓 나온 아름다운 모습을 표현한 것이지요. 하지만 이게 번역하기가 조금 껄끄럽습니다. 대개 '복숭아나무 아름다워라'라 하시는데, 저는 이런 번역이 내키지 않아서, '어린 복숭아나무여'로 풀겠습니다.

'작작기화'(灼灼其華)에서 '작'(灼)을 보는 순간 주변이 밝게 환해진 느낌이 들죠? 꽃이 활짝 펴서 환해진 거예요. 봄에 벚꽃 보면 환하잖아요. '그 꽃이 활짝 폈구나'라고 번역하면 되고요. 이런 때 결혼식이 많아지지요.

다음 구절 '지자우귀'(之子于歸)에서 '지자'(之子)는 앞으로 많이 등장할 단어예요. '지'를 '시'(是)로 보는데 영어로 치면 'The'가 됩니다. '자'(子)는 '여인'이니까, '그 여인'이라 해석하시면 되겠네요. '지자'가 어느 때는 남자로도 나오는데, 여기서는 시집가는 '저 아가씨'이죠. 그다음 '귀'(歸)라는 글자를 봐주세요. 지난번 〈갈담〉에서는 이 글자를 부모님에게 안부 인사 가는 것, 그러니까 친정에 가는 거라고 해석을 했었죠? 그런데 『시경』에서 '귀' 자는 주로 '여자가 시집간다'라는 의미로 쓰입니다. 그러니까 여기서 '지자우귀'는 '저 아가씨, 시집가네'라는 말이 됩니다. 이렇게 '귀' 자는 여인의 결혼생활과 관련지어 사용할 때, 첫번째로는 시집간다는 의미, 두번째는 친정에 문안인사 간다는 의미로 쓰입니다. 이럴 때는 '귀녕'(歸寧)이라고 하고요. 세번째 의미도 있는데, 남편과의 인연을 끊는다는 의미를 가져요. 이럴 때는 '대귀'(大歸)라고도 하고요. 옛날에도 이혼은 있었습니다. 어느 문화권에나 결혼이 있으면 이혼도 있지요.

　그다음을 볼까요. '의기실가'(宜其室家)에서 '의'(宜)는 동사로 보셔야 해요. 남편 및 시댁 가족과의 사이가 모두 '의'하리라는 의미인데요. 주자는 '의'를 '화순'(和順)이라고 풀었습니다. '편안하게 하리라, 좋게 하리라, 화목하게 하리라' 등으로 푸시면 되고요. '의'를 그대로 번역하면 '마땅하게 한다'라는 말일 텐데, 그래도 어느 정도 통하게 되죠. '실'(室)은 방이니까 '부부가 있는 공간'을 말하고요. '가'(家)는 '일가'(一家), 즉 문중을 말합니다. '실가'를 '집안'이라고 하셔도 좋은데, '실'과 '가'를 나누어 놓은 점은 주목해 주시고요. '시집', 또는 '시집 식구들'이라고 푸셔도 좋겠네요.

② 桃之夭夭 有蕡其實 之子于歸 宜其家室

'도지요요'(桃之夭夭)는 앞에서 설명을 드렸고요. '유분기실'(有蕡其實)의 '분'(蕡)이라는 글자를 보세요. 보는 순간 무엇인가 실하고 무성한 느낌이 들죠? 아까는 꽃이 폈는데요,

이젠 열매가 '많이 열린' 모습이 됩니다. '분'은 '열매가 많이 열릴 분(賁)' 자입니다. 시집갔는데 바로 '열매'가 나오니, 곧 '다산'을 의미하겠네요. '애 많이 낳고 잘 살아라'라고 말하는 거죠. 지금도 결혼을 하고 폐백을 드릴 때에는 집안 어른들이 이런 덕담을 하시지요. 아닌가요? '지자우귀 의기가실'(之子于歸 宜其家室)은 1장의 '지자우귀 의기실가'(之子于歸 宜其室家)와 의미가 같습니다. 다음 장에 나오는 '지자우귀 의기가인'(之子于歸 宜其家人)도 마찬가지입니다.

③ 桃之夭夭 其葉蓁蓁 之子于歸 宜其家人

'기엽진진'(其葉蓁蓁)의 '진'(蓁)은 잎이 '무성하다'는 뜻이에요. 시집가는 집안이 번성할 것이라는 덕담이지요. 옛날에는 동네 어른들이 골목길에 모여 앉아서 어느 며느리가 시집와서 그 집안이 잘살게 됐다는 말 많이 하셨지요? 몇째 며느리가 들어온 뒤로 그 집안이 어떻게 되었다는 둥, 이런 소리들이 다반사였답니다. 물론 지금은 듣기 어렵죠. 우선 동네 어른들이 골목 어귀 평상에 앉아 계신 경우가 드물잖아요. 『시경』의 노래들도 이렇게 며느리와 집안의 번성을 연결시켜서 표현하네요. 어쨌든 이 시 〈도요〉는 번역도 번역이지만 원문 자체가 주는 밝은 어감과 분위기를 즐겨야 해요. 소리 내어 읽는 순간, 그냥 기분이 좋아지지요. 봄의 찬가로 보셔도 좋아요. 꼭 외우도록 합시다!

7. 토저兎罝

肅肅兎罝 椓之丁丁
숙 숙 토 저 탁 지 정 정

잘 쳐 놓은 토끼그물이여,
말뚝 박는 소리 쩌렁쩌렁.

赳赳武夫 公侯干城
규 규 무 부 공 후 간 성

씩씩한 무사여,
공후의 방패와 성이 되리라.

肅肅兎罝 施于中逵
숙 숙 토 저 시 우 중 규

잘 쳐 놓은 토끼그물이여,
길 가운데에 놓여 있도다.

赳赳武夫 公侯好仇
규 규 무 부 공 후 호 구

씩씩한 무사여,
공후의 좋은 짝이로다.

肅肅兎罝 施于中林
숙 숙 토 저 시 우 중 림

잘 쳐 놓은 토끼그물이여,
숲 가운데 놓여 있도다.

赳赳武夫 公侯腹心
규 규 무 부 공 후 복 심

씩씩한 무사여,
공후의 심복이로다.

'토끼 토(兎)'가 보이시나요? 이 당시에 토끼고기를 많이 먹었거든요. 요즘도 유럽 각지에서는 주요 식재료로 슈퍼에서 용도별로 판다고 해요. 우리나라에서는 호남쪽에서 많이 먹어요. 나주, 광주 쪽 가다 보면 간판에 토끼탕이라고 쓰여 있는 곳이 많죠. 옛날 저희 선생님께서는 제물포고를 나오셨는데, 겨울에 학교 선생님들은 큰 가마솥에 불 피우고 계시고, 학생들은 산에서 토끼몰이를 하셨다는 얘기를 들은 적이 있어요. 선생님께서는 겨울에 눈 내리면 토끼몰이를 하셨고, 저는 1970년대 초반 중학교 때 전 학년이 뒷산에서 송충이 잡은 적이 있어서, 그때는 그랬구나, 하면서 한참 웃은 적이 있었죠.

시 전체를 훑어 보면, 우리가 여전히 쓰는 말들이 군데군데 보이네요. 지금도 '간성'(干城)이라는 말을 쓰죠? '나라를 지키는 간성이 되다'라고요. '복심'(腹心)이라는 말도 보이네요. '규규무부'(赳赳武夫), '탁지정정'(椓之丁丁) 등은 일상에서도 많이 쓰였던 말입니다. '정정'이란 단어를 보니 정지용(1903~1950) 시인의 「장수산(長壽山) 1」이 "벌목정정(伐木丁丁)이랬더니~"라는 구절로 시작하는데, 그 시도 생각이 나네요. '벌목정정'은 우리가 차차 공부할 「소아」(小雅) 〈벌목〉(伐木)의 첫 구절이랍니다.

① 肅肅兔罝 椓之丁丁 赳赳武夫 公侯干城

'숙숙토저'(肅肅兔罝)의 '숙'(肅)은 본래 '엄숙하다'라는 뜻인데 여기서는 의태어로 쓰였어요. 한문에는 의성어나 의태어를 만드는 방법이 두 가지 있는데, 하나는 이렇게 같은 글자를 두 번씩 겹쳐 쓰는 것이고, '연'(然), '약'(若), '여'(如) 등의 글자를 뒤에 붙이는 것이 다른 한 방법입니다. 『시경』에서는 전자의 방법이 주로 쓰이고, 『주역』에서는 '여'(如)를 붙이는 후자의 방법이 많이 쓰여요. '숙숙'은 단정하고 반듯한 모습입니다. 일할 때 맵시 있게 하는 것도 해당되지요. '저'(罝)는 그물인데요. '토저'는 나무 사이에다 설치해서 토끼와 같은 작은 동물들을 잡는 그물을 말합니다. 『시경』에는 이렇게 짐승을 사냥할 때 쓰는 그물이 용도별로 다양하게 나와요. 지금은 '그물' 하면 어망을 생각하는데, 『시경』에는 사냥용 그물이 나온답니다. 그러니까 '숙숙토저'는 토끼사냥용 그물을 맵시 있고 튼튼하게 잘 친다는 말이겠지요.

이렇게 토끼그물 치는 일 하나도 딱 떨어지게 잘하는 사람이면 나랏일을 맡겨도 빈틈없이 잘할 거라고 하는 건데요. 지금 우리는 이런 사고방식에 익숙하지 않지요. 하지만 자기 주변 일상의 작은 일부터 제대로 해내야 어렵고 복잡한 일도 감당할 수 있지요. 그래서 공부의 시작은? 네, '쇄소 응대'(灑掃應對)부터이지요. 물 뿌려 청소하고[灑掃] 손님 오시면 인사하는 것[應對], 이런 하찮고 소소해 보이는 일들이 공부와 무슨 상관이람, 하면서 소홀히 하면 공부를 제대로 해 나갈 수 없다는 것이 동양의 공부법이지요. 지금은 '아무 것도 하지 말고 공부만 하라'고 하면서 아이들을 책상 앞에만 앉혀 놓으니 공부가 제대로 될 턱이 없지요. "엄마 물" 하면서 엄마를 몸종으로 부리니, 원….

그다음 '탁지정정'(椓之丁丁)에서 '탁'(椓)은 '친다'는 뜻인데, 그물을 설치하며 말뚝을 박을 때, 그 말뚝을 힘 있게 내리치는 거예요. '정정'은 말뚝 박는 소리입니다. 건장한 성인을 가리켜 '장정'(壯丁)이라 할 때도 '정' 자를 쓰지만 여기서는 같은 단어를 중복해서 만든 의성어예요. 정지용의 시에서 '벌목정정'이라는 구절은 나무 베는 소리가 '쩡쩡' 들린다는 거예요.

'규규무부'(赳赳武夫)에서 '규규'(赳赳)도 두 글자가 겹쳐 있는 걸 보면 의태어라고 생각할 수 있겠죠. '규'(赳)를 사전에서 찾아보시면 '헌걸찰 규'라고 나와 있는데, 요즘은 잘 안 쓰지만, 저의 아버님은 건장한 젊은 장정을 보면 '헌걸차다'라고 하셨어요. '헌걸차다'란 '기세가 당당하다'라는 뜻이고요. 여기서 '무부'는 사냥꾼을 가리킵니다.

　'공후'(公侯)는 지금으로 말하면 정치지도자이고 '간성'은 나라를 지키는 방패와 성이 된다는 말입니다. 정치지도자의 늠름한 호위무사가 된다는 의미일 수도 있겠네요. '간성'은 그 말 자체로도 지금까지 쓰이고 있습니다. 사전을 찾아보시면 '간성지재'(干城之材)라는 말이 있는데 '나라를 지킬 만한 자질을 갖춘 사람'이란 뜻이에요. 이순신 같은 분들의 어릴 적을 묘사하는 글에 이 말이 쓰입니다. '공후간성'은 '공후의 간성이 되리라', '공후의 방패가 되리라', '공후를 지키는 방패나 성이 되리라'라고 해도 좋아요. '간'(干)은 참 신경 쓰게 만드는 글자예요. '간', '건', '안', '한'으로 음도 많고요. '구하다', '근본' 등등, 뜻도 다양하답니다. 그런데 이 글자가 끝에 삐침을 넣으면 '우'(于) 자가 되거든요. '干'과 '于', 단지 끝이 꼬부라졌을 뿐인데 다른 글자가 된답니다!

② 肅肅兎罝 施于中逵 赳赳武夫 公侯好仇

'숙숙토저'는 1절과 같으니 '잘 쳐 놓은 토끼그물이여'로 번역하면 되고요. '시우중규'(施于中逵)가 문제네요. 다음 장에는 '중림'(中林)이라는 단어가 나오는데, 이 단어들은 '규

중'(逵中)과 '림중'(林中)이 도치된 것으로 보시면 됩니다. 참, '규'(逵)를 '달'(達) 자로 잘못 보는 경우가 많은데 이 점 역시 주의하시고요. '규'(逵)를 찾아보면 '아홉 군데로 통하는 길'이라고도 되어 있고, '넓은 길'이라고도 되어 있어요. 그런데 좀 이상합니다. '시'는 설치하는 것이니, 토끼그물을 넓은 길에 설치한다는 말이 되잖아요? 이건 좀 말이 안 되죠. 그래서 '규'를 언덕으로 보는 해석도 있답니다. 여기서는 '규'를 그냥 '길'로 풀겠습니다.

'규규무부'의 해석은 역시 1장과 같고요. '공후호구'(公侯好仇)의 '구'(仇)를 보죠. 이 글자는 본래 '원수'라는 뜻이죠? 그런데 한자 중에는 반대의 뜻을 갖는 경우가 있어요. 이러한 용례가 아주 많은 것은 아니고 지금 생각나는 것은 10개 정도 되는데요. 여기서 '원수 구'는 '짝 구'로 쓰였습니다. 〈관저〉에서 나온 '군자호구'(君子好逑)의 '구'(逑)와 같은 뜻이고, '필'(匹)이나 '우'(耦)와도 같은 뜻입니다. 예전에는 밭을 갈 때 두 명이 같이 나란히 갈아야 했어요. 그래서 '나란히 갈 우(耦)'에 '짝'이라는 의미도 있는 겁니다. '구'처럼 반대되는 뜻을 동시에 가진 글자의 용례로 '어지러울 란(亂)'도 있습니다. '어지럽힌다'라는 뜻도 있지만, 반대로 '어지러움을 다스린다'라는 뜻도 되거든요. 어쨌든, '규규무부 공후호구', 이 문장은 '씩씩한 무사여, 공후의 좋은 짝이로다'라고 번역됩니다. 좋은 파트너가 된다는 것이지요.

③ 肅肅兔罝 施于中林 赳赳武夫 公侯腹心

'숙숙토저 시우중림'(肅肅兔罝 施于中林)은 2장에서 다 설명을 드렸죠. '중림'(中林)은 '림중'(林中)의 도치로 '숲 가운데'입니다. 그다음을 바로 볼까요. '공후복심'(公侯腹心)에서 '복심'은 배와 심장이죠. 동지가 된다는 말이에요. 주자는 주석에서 '마음과 덕을 같이한다'(同心同德)고 했으니, 단지 동지가 아니라 그 이상의 관계를 의미합니다. 마음을 같이하는 것은 알겠는데, 대체 '덕'이란 무엇일까요? 요즘 의미로 가치관을 의미합니다. '복심지신'(腹心之臣)이라는 말이 있는데, 이는 운명을 같이하는 신하를 말합니다. '복'과 '심'은 나의 배와 심장이니 결국 한 몸이라는 뜻이잖아요. 지금도 이렇게 마음을 같이하는 사람이 주변에 있어야 정치를 할 수 있겠지요. 이렇게 〈토저〉를 다 읽었는데요. 제목은 '토끼그물'이라고 붙어 있는데, 그 내용은 토끼그물을 잘 치는 씩씩한 호위무사가 간성이 되고, 호구가 되고, 복심[심복]이 될 만하다는 거네요.

8. 부이 芣苢

采采芣苢 薄言采之
채 채 부 이 박 언 채 지

뜯고 뜯네, 질경이.
여기저기서 따네.

采采芣苢 薄言有之
채 채 부 이 박 언 유 지

뜯고 뜯네, 질경이.
쉽게 따서 많이 쌓네.

采采芣苢 薄言掇之
채 채 부 이 박 언 철 지

뜯고 뜯네, 질경이.
여기저기서 주워 담네.

采采芣苢 薄言捋之
채 채 부 이 박 언 랄 지

뜯고 뜯네, 질경이.
여기저기서 씨를 훑네.

采采芣苢 薄言袺之
채 채 부 이 박 언 결 지

뜯고 뜯네, 질경이.
옷섶에 담아 오네.

采采芣苢 薄言襭之
채 채 부 이 박 언 힐 지

뜯고 뜯네, 질경이.
치마폭에 담아 안고 오네.

　　　　　<부이>라는 작품을 볼 건데요. '채채'(采采)로
시작하네요. '채채권이'(采采卷耳), '채채부이'(采采芣苢), 모두
나물 캐는 여인의 노래입니다. '부'(芣)와 '이'(苢)는 모두 질경
이를 말합니다. 요즘은 질경이 나물을 잘 안 먹죠? 어린 순
은 나물로 무쳐 먹고, 씨는 난산에 좋은 약재로 쓰이기도 하
지요.『시경』을 공부할 때는 수시로 식물 이름과 용도를 찾
아볼 수밖에 없답니다. 평소에 식물에 관심을 갖고, 많이 알
고 계신 분들이 옆에 계시면 큰 도움이 되지요.

　　<부이>는 3장으로 구성된 노래고요, 한 장이 4구로 되
어 있습니다. 그런데 읽어 보시면 한 장을 둘로 다시 나눠도
될 것 같지 않나요? 1장을 예로 들어 보면 '채채부이 박언채
지', '채채부이 박언유지' 이런 식으로 나눠도 될 듯한데, 4구
씩 묶여 있네요. 시의 내용도 A, A′, A″로 반복적이고 단순합
니다. 연구자들은 단순할수록 더 오래된 시대의 노래로 봅
니다. <부이>도『시경』의 시들 중에서 오래된 시일 것이라는
추정이 가능하고요. 이 시는 수사법으로는 '부'(賦)에 속합니
다. 앞에서 '흥'과 '비'에 대해서는 간단히 설명을 드렸는데,
부(賦), 비(比), 흥(興), 이렇게 세 가지가『시경』의 수사법이랍
니다. '부'는 '있는 사실을 그대로 표현하여 직언'(敷陳其事而
直言之)한 것을 말합니다. 나물 캐는 아가씨들이 부르는 노

동요가 누군가에 의해 그대로 기록된 것이지요. 그럼 한 구절씩 볼까요.

① 采采芣苢 薄言采之 采采芣苢 薄言有之

'채채부이'(采采芣苢)에서 '채채'(采采)는 '뜯고 또 뜯는다'는 말인데, 나물을 캐는 연속 동작이지요. '부이'는 '차전'(車前)이라고도 하는데, 길가에서 흔히 볼 수 있는 질경이라고 말씀을 드렸죠. 질경이 씨는 간의 기운을 돋우는 약재로 '차전자'(車前子)라고도 불립니다. 『동의보감』 공부하신 분들은 '아! 그 차전자' 하실 겁니다.

'박언채지'(薄言采之)의 '박'(薄)을 주목해 주세요. 그 용례는 〈갈담〉에서 '박오아사 박한아의'(薄汚我私 薄澣我衣)로 나왔지요. 이제 막 『시경』 강독을 시작했는데요. 계속 복습을 하면서 진도를 나가야 한답니다. 작품 수가 많아지면서 레고 조각이 마구 흩어지고 '어디서 나왔는데…' 하는 경우가 늘어나지요. '박'(薄)은 원래 '얇다'라는 뜻인데 여기서는 '잠깐'이라는 뜻으로 쓰였어요. '박'이 '잠깐'의 뜻으로 쓰이는 용례는 웬만한 사전에는 나오지 않지요. 여기서도 '박'을 해석할 것인가, 안 할 것인가 망설이게 됩니다. '박'의 다음 글자 '언'(言)도 해석하지 않는데, 마찬가지로 '박' 역시 해석하지 않고 넘어가셔도 좋습니다.

그런데 우리나라에서 '박'을 '잠깐'이라고 번역하는 이유는 다음과 같아요. 질경이가 길가에 참 많잖아요? 그래서 '여기저기서 쉽게 뜬다'라는 의미가 담겨 있는 것이지요. '잠깐 뜬다'는 말이 그 자체로는 좀 어색해 보이지만, 그 속뜻은 '쉽게 많이 뜬다!'입니다. 마치 나물을 하나하나 뜯어 가면서 부른 노래 같기도 해요.

'박언유지'(薄言有之)에서는 '유'(有)의 쓰임에 유의하세요. 여기서는 '얻을 득(得)'의 의미로 쓰였거든요. '잠깐 사이에 얻었다'는 뜻이니, '쌓였노라'라고 풀면 좋겠죠. 옛 분들은 '있을 유'를 '두다'라고 표현하시기도 했어요.

주자는 이 시의 시대배경을 '화행속미'(化行俗美)라 했습니다. 이 말은 정치를 잘해서 교화가 행해지니 사람들의 생활이 편안해졌다는 의미예요. 라이프 스타일[俗]이 아름다워졌으니 집안도 화목하겠지요. 주자뿐 아니라 전근대에 이루어진 모든『시경』해석에는 이렇게 끊임없이 백성을 교화한다는 시선이 스며 있지요. 사람들이 큰 갈등을 일으키지 않고 원만하게 살아가기 위해서는 좋은 정치의 힘이 필요하다고 믿는 것, 이것이 유가의 기본 정치사상이에요. '화행'(化

行), 즉 좋은 정치의 효과로 가정과 사회가 편안하니 이렇게 나물 캐는 여인들마저 큰 걱정 없이 기쁘게 일을 하는 것이지요.

② 采采芣苢 薄言掇之 采采芣苢 薄言捋之

비슷한 구절이 이어집니다. '박언' 뒤의 한 글자씩만 바뀌면서 전개가 되고 있죠. '박언철지'(薄言掇之)의 '철'(掇)은 '줍는다'라는 뜻으로, 번역은 '주워 담는다' 정도로 하면 되겠지요. 그 다음 '박언랄지'(薄言捋之)의 '랄'(捋)은 '뽑을 랄'인데 옛날에는 씨를 '훑어 낸다'고 표현했어요. 시가 참 소박하죠? 나물하는 여인의 잰 손동작이 그대로 느껴집니다. 바로 다음으로 넘어가 보겠습니다.

③ 采采芣苢 薄言袺之 采采芣苢 薄言襭之

이 아가씨의 대나무 광주리가 가득 찼나 봅니다. 우리가 봄날에 향긋한 쑥을 보면 쑥국을 끓여 볼까 하면서 자기도 모르게 옷섶에 담기도 하잖아요? 그런 것이 바로 '결'(袺)이에요. 원래는 '옷섶 잡을 결'입니다. 풀어 보면 '옷섶에 담네'가 되겠네요. 웃옷에 담는 걸 표현한 것이고요. '박언힐지'의 '힐'(襭)은 앞치마나 치마에 담아서 허리춤에 묶은 거예요. 옷섶에 담을 때보다 양이 좀 많아진 거죠. '치마에다 담아 허리춤에 끼우네'지만 의역하면 '많고도 많아라'가 됩니다. 그래도 틀린 번역이 아니에요. '치마폭에 담아서 안고 오네'라고 해도 좋겠네요.

이 시를 읽다 보니 26년 전에 돌아가신 저의 친정어머니 심금례(沈金禮) 여사가 한없이 그리워집니다. 나물 캐기를 워낙 좋아하셔서 제주도 가셨다가 유채나물 뜯으시느라 버스를 놓치신 적도 있어요. 저의 분당 집에 처음 오신 날, 앞산이 나물 없게 생겼다고 실망하셨죠. 저는 어이가 없었고요. '아니! 딸네 집에 오셔서 나물을 하러 가신다고?' 하지만 기어이 불곡산에 가셔서 원추리를 뜯어다가 새콤달콤하게 무쳐 주셨지요. 봄에는 친구 분들과 강원도로 나물 여행을 다니셨고요. 세 분이 가시잖아요? 그럼 첫날은 세 분이 취나물을 캐요. 둘째 날은 한 분이 남아서 취나물을 삶아요. 삶은 나물을 얼마나 많이 가져오셨는지 몰라요. 일 년 내내 맛있게 먹었지요. 이런 문화 속에서 이와 같은 시가 나왔구나 싶어요. 나물 캐기를 워낙 좋아하니까, 여기도 담고, 저기도 담고 하는 거죠. 옆에는 뭐든지 같이하는 동무들이 있겠지요.

앞에서도 이야기했지만, 이 시에서 가장 문제가 되는 단어는 '박'(薄)이지요. 어떻게 살리느냐를 고민해 봐야 합니다. '잠깐'이라는 번역은 잘 맞지 않는 것 같죠. 딱 봐도 뜯는 나물의 양이 많잖아요. 그러니 '이곳저곳에서 쉽게'라는 뉘앙스를 갖도록 푸는 것이 좋을 듯합니다. '유'(有)의 해석도 잘 살리는 것이 중요하겠지요. '이미 얻었다'는 뜻이니, 이쪽저쪽에서 뜯어서 내 광주리에 가득 있다는 뜻이에요. '소유하다'라 하시면 시의 맛이 살지 않으니 절대 안 됩니다!

9. 한광漢廣

南有喬木 不可休息
남 유 교 목 불 가 휴 식

남쪽에 교목이 있는데
가서 쉴 수가 없구나.

漢有游女 不可求思
한 유 유 녀 불 가 구 사

한수에 놀러 나온 아가씨
만나 볼 수 없구나.

漢之廣矣 不可泳思
한 지 광 의 불 가 영 사

한수는 드넓으니
헤엄쳐 갈 수 없네.

江之永矣 不可方思
강 지 영 의 불 가 방 사

강수는 길어서
뗏목으로 건널 수 없네.

翹翹錯薪 言刈其楚
교 교 착 신 언 예 기 초

쑥쑥 뻗은 잡목 속에서
가시나무를 베네.

之子于歸 言秣其馬
지 자 우 귀 언 말 기 마

저 아가씨 시집가니,
타고 가는 말에 꼴을 먹이리라.

漢之廣矣 不可泳思
한 지 광 의 불 가 영 사

한수는 드넓으니
헤엄쳐 갈 수 없네.

江之永矣 不可方思
강 지 영 의 불 가 방 사

강수는 길어서
뗏목으로 건널 수 없네.

翹翹錯薪 言刈其蔞 교 교 착 신 언 예 기 루	쑥쑥 뻗은 잡목 속에서 물쑥을 베네.
之子于歸 言秣其駒 지 자 우 귀 언 말 기 구	저 아가씨 시집가니, 타고 가는 망아지에 꼴을 먹이리라.
漢之廣矣 不可泳思 한 지 광 의 불 가 영 사	한수는 드넓으니 헤엄쳐 갈 수 없네.
江之永矣 不可方思 강 지 영 의 불 가 방 사	강수는 길어서 뗏목으로 건널 수 없네.

지금 '어! 시 제목이 <교목>이 아니라 <한광>이네', 하실 거예요. '한광'(漢廣)의 '한'(漢)은 양자강의 큰 지류 중 하나인 한수(漢水)를 가리킵니다. '한광'은 '한수가 넓다'라는 말인데, 그 폭이 넓다는 말이지요. 1장에서 보이는 '교목'(喬木)은 '높고 큰 오래된 나무'이지요. 이육사(1904~1944) 시인의 대표작 중에 <교목>이 있지요. "푸른 하늘에 닿을 듯이 / 세월에 불타고 우뚝 남아서서 / 차라리 봄도 꽃피진 말아라." 이렇게 시작되는 시를 중학교 국어시간에 비장하게 외웠던 기억이 새롭네요.

그런데 2장으로 넘어가면 우리의 예상을 깨는 패턴이 나와요. 1장은 '남유교목'(南有喬木)으로 시작했는데 2장과 3장은 '교교착신'(翹翹錯薪)으로 시작하거든요. A-B-B' 유형이지요. 그렇지만 '한지광의 불가영사 강지영의 불가방사'(漢之廣矣 不可泳思 江之永矣 不可方思)라는 뒤의 네 구절은 1장부터 3장까지 모두 똑같습니다. 이렇게 1장과 2, 3장의 8구 중에 앞부분이 다른데 뒤의 4구는 반복되니까, 시의 제목도 아마 뒷부분의 '한지광의'(漢之廣矣)에서 나왔을 거예요. 이런 유형을 어떻게 봐야 할까요. A-B-B′로 보면 뒤의 4구가 반복되는 것이 걸리지요. 8구 중에 4구가 완전히 같으니까 A-A′-A″ 유형도 되겠네요.

앞으로 이런 유형의 작품이 꽤 나올 건데요. 앞의 4구 뒤의 후렴구가 나중에 붙은 걸까요? 뒤에 후렴구처럼 붙어 있는 것이 원래의 노랫가락이고, 여기에 다른 노랫가락들이 와서 붙었다고 보는 학자도 있어요. 그런데 이렇게 이어 붙인 경우 내용이 딱 맞아 떨어지지 않는 경우가 종종 있는데, 우리가 지금 보는 것은 원래, 노랫말이었기 때문입니다. 노래는 곡조에 따라 가사가 안 맞는 것도 서로 연결될 수 있잖아요. 마치 로보트 태권브이 주제가를 부르다가 아톰 주제가를 이어서 불러도 잘 어울리듯이, 크기가 다른 레고 조각도 연결할 수 있잖아요? 이런 형태로 〈한광〉을 파악하시면 됩니다.

① 南有喬木 不可休息 漢有游女 不可求思
　　漢之廣矣 不可泳思 江之永矣 不可方思

'남'(南)은 '남산'이라 해도 좋고 '남쪽'이라 해도 좋습니다. '교
목'(喬木)은 한 단어로 보셔야 해요. '교'는 '높을 교'인데, 밑에
나뭇가지가 없고 키가 큰 나무를 교목이라고 합니다. 『맹자』
를 보시면 역사가 오래된 나라는 '교목'과 '세신'(世臣)이 있
다고 하죠.(『맹자』, 「양혜왕장구」하) 그 나라를 상징하는 큰 나
무와 대대로 벼슬한 집안의 신하라는 의미인데요. 세신의
상대는 친신(親臣)이고요, 이것은 군주와 가까운 신하를 말
합니다. '세신'을 비유한 것이 바로 '교목'인 거죠.

　　그래서 '교목세신'(喬木世臣)이라고 하면 그 나라와 운명
을 같이하는 신하라는 뜻이 되지요. 나라가 망하면 그 집안
도 망합니다. 그러니 어떻게 하든지 나라를 지켜 내야 하는
신하인 거죠. 친신은 수틀릴 때 떠나면 그만입니다. 하지만
두 종류의 신하가 모두 필요한 존재예요. 왕 입장에서는 아
버지가 물려준 신하 말고 자신의 신하도 있어야 하잖아요.
어떨 때는 세신이 제일 무서운 존재가 될 수도 있고요. 『맹
자』에서 뭐라고 했나요? 임금이 말 안 들으면 '뒤집어 엎을
수 있다'고 하잖아요. 앞서 말씀드렸던 것처럼 이육사 시인

의 「교목」은 바로 『맹자』에서 나왔죠. 이야기가 잠깐 옆으로 갔군요.

자, 남쪽에 교목이 있는데 휴식할 수가 없대요[不可休息]. 왜 휴식을 취할 수 없는지는 시를 읽어 가며 보도록 하지요. 마지막의 '사'(思)는 해석하지 마세요. 이 작품에 나오는 모든 '사'(思)는 어조사로, 해석하지 않습니다.

그다음으로 '유녀'(游女)의 '유'(游)는 '수영하다'의 뜻인데, 한수가에 수영하러 온 아가씨를 그리고 있는 건가요? 아니죠. 여기서는 '수영할 유'는 '놀 유(遊)'와 통용돼요. 연애할 마음을 가득 품고 강가로 놀러 나온 아가씨들이에요. 연애는 어디서 하나요? 주로 강가에서 합니다. 산에서는 못해요. 그렇게 힘들게 산 정상까지 기어오르면서 연애는 힘들다고 봅니다. 중턱에서 막걸리, 파전을 즐기고 내려오면 모를까. 강가를 천천히 걸어야 시간을 잊고 연애감정에 몰입하지요. 물가에서는 시계를 안 보게 되어 연애가 쉽다고 하네요.

자, 여기서 '유녀'는 '놀러 나온 아가씨!'입니다. 후대에는 '유흥가 여자'라는 뜻이 되지만요. '불가구'(不可求)는 '구할 수 없도다'이니 만날 수 없다는 것이죠. 한수가 넓다고 했잖아요? 나는 이쪽에 있고, 상대가 저쪽에 있는데 건너갈 수 없는 거예요. 이렇게 남녀 간의 충만한 연애감정을 노래한 시인데, 주자는 이런 작품들은 기원전 1000년경, 문왕 시대의 작품으로 봐요. 그래서 '문왕의 교화 덕택에 강 건너 아가씨들의 품행이 단정해져서 예전 같으면 수영해서 아가씨를 만나러 갔을 사람도 자제하게 되었다'라고 해석을 하는데요. 교훈시가 되고 말지요. 지금은 그렇게 보지 않아요. 이 시는 '연애 자제시(自制詩)'가 아닙니다! 강 건너 아가씨에게 가고 싶지만 그럴 수 없는 남성의 안타까움이 가득 담겨 있으니까요.

이 시의 서술기법이 '흥'(興)이니, 한번 연결시켜 봅시다. 우리가 큰 나무를 보면 으레 그 그늘 밑에서 쉴 생각을 하죠? 마찬가지로 강 건너 예쁜 아가씨를 보게 되면 자연스럽게 연애감정이 일어나지요. 그런데 강이 넓어서 헤엄쳐 건널 수도 뗏목으로 갈 수도 없네요. 못 건너가니까 안타까울 뿐입니다.

그다음 네 구는 시 전체에서 반복되는 부분이죠. '한지광의 불가영사'(漢之廣矣 不可泳思)는 한수는 드넓어서 자맥질해 건너갈 수 없다네요. '강지영의'(江之永矣)에서 '강'(江)은 양자강입니다. 한수도 양자강의 지류예요. '영'은 하염없이 긴 거예요. 앞에 나온 '광'(廣)이랑 의미는 같죠. 이 구절에서는 '불가방사'(不可方思)의 '방'(方)이 제일 중요합니다. 사전에서 이 한자를 찾으시면 20가지 정도의 뜻이 나오거든요? 꾹 참고 뒤쪽까지 보시면 '뗏목'이라는 뜻이 나와요. 물에 띄우는 널빤지를 '방'(方)이라고 합니다. 네모[方] 모양이잖아요. 배라기보다는 뗏목을 말하는 것으로, '뗏목 부(桴)'랑 같은 말인데요. 부(桴)도 모양을 한번 보세요. 나무[木]를 띄웠지요[浮]? 나무판자 하나 띄워서 타고 가는 거예요. 그런데 강이 너무 넓어서 뗏목으로는 갈 수 없다고 하네요.

② 翹翹錯薪 言刈其楚 之子于歸 言秣其馬
　　漢之廣矣 不可泳思 江之永矣 不可方思

'교교착신'(翹翹錯薪)의 '교교'(翹翹)는 의태어예요. 원래는 '뛰어나다', '우뚝하다'라는 뜻이지만 주자의 해석으로는 '삐쭉삐쭉 쑥쑥 뻗은 모양'이 됩니다. '착'(錯)은 원래 '착오'라는 뜻이지만 여기서는 '섞여 있다'는 뜻이고요. '신'(薪)은 '땔나무'라는 뜻입니다. 앞서 말했듯이 서술기법은 '흥'(興)이고요. 여러 번역이 있습니다. 어떤 책에서는 '이리저리 잘 쌓아 놓은 땔나무'라고도 해놓았어요. '잡목이 모여 있는 것'이기도 합니다.

'언예기초'(言刈其楚)에서 '언'(言)은 해석하지 않습니다. '예'(刈)는 '베이다'라는 뜻인데, 글자를 보아도 '베이게' 생겼죠? '초'(楚)는 본래 '회초리나무'이지만, 여기서는 '가시나무'로 풀겠습니다.

그다음 '지자우귀 언말기마'(之子于歸 言秣其馬)에서 '지자우귀'는 앞에서 〈도요〉를 공부할 때 나온 말이죠. 역시 '언'(言)은 해석하지 않고요. '말'(秣)은 말이나 소에게 꼴을 먹일 때만 쓰는 글자예요. '저 아가씨 시집가니, 타고 가는 말에 꼴을 먹이리라', 이렇게 됩니다. 그녀와 사귀고 싶지만 이루지 못하고 시집가는 그 여자를 보내 준다는 뜻이 되네요.

옛날 우리 선생님은 "이 여자가 앞에 나온 '놀던 바로 그 여자'다. 강가에 와서 연애할 생각을 하던 여자가 마음을 잡고 시집간다!"라고 설명하시곤 하셨죠. 이렇게 한때 유흥을 즐기던 여자가 교화되어 올바른 혼처 찾아 가고, 나도 그 여자의 앞날을 축하해 준다는 식의 해석이 많은데요. 그런데 이건 아무래도 아닌 것 같아요. 전 어릴 때부터 정말 그런 이야기인지 의아해했는데요. 앞서 말했듯이 2장이 1장과 형식이 안 맞죠? 왜 이렇게 들어갔을까를 생각해 봐야 할 것 같아요. 지금 우리가 읽는 문학작품처럼 한 사람이 특정한 주제의식을 갖고 만든 것이 아니라서, 『시경』에는 스토리를 짜기 어려운 작품들이 많습니다. 이런 작품들을 무리해서 연결하고 스토리를 만들지 않았으면 합니다. 그 다음 네 구는 앞과 동일하니 넘어가겠습니다. 다만 강 건너의 아가씨를 연모하는 남성에게는 불가피한 사정이 있지 않았을까요. 헤엄쳐서도 뗏목을 타고도 건널 수 없는 넓은 강폭만큼이나 큰.

③ 翹翹錯薪 言刈其蔞 之子于歸 言秣其駒
　　漢之廣矣 不可泳思 江之永矣 不可方思

'교교착신'은 앞에서 봤고요. 그다음 '언예기루'(言刈其蔞)에서 '루'(蔞) 자를 보세요. 이 글자도 참 골치 아픈 글자예요. 『시경』에는 쑥 종류가 많이 나옵니다. 이 당시에 쑥이 중요한 식물이었던 거죠. 국도 끓이고 나물도 해먹고, 제사 지낼 때도 올리고요. 물론 중요한 약재이기도 했지요. 이 '루'도 쑥이긴 한데, 무슨 쑥인가? 여기에도 두 가지 설이 있어요. '산쑥'이라는 설도 있고, '물쑥'이라는 설도 있는데, 둘 다 키가 큰 쑥입니다. 우리는 그냥 '물쑥'이라고 하고 넘어가도 될 것 같아요. 시의 배경이 강가이니까요. 그러니까 '교교착신 언예기루'는 '삐쭉삐쭉 올라와 있는 여러 나무들 사이에서 물쑥을 베노라'라는 말이에요.

2장과 3장을 보면 '교교착신 언예기초'와 '교교착신 언예기루'는 세트로 돌아다녔다는 사실을 알 수 있어요. 그런데 이 두 구절은 과연 무슨 말일까요? '이것저것 섞여 있는 잡목 더미 속에서 나에게 필요한 것을 베어 온다'는 뜻이에요. 그 장면을 생각하면서 여러 가지 상상을 해볼 수 있겠죠. 여러 여인 중에 자신에게 맞는 배필을 찾는 건가, 다른 사람에게 시집가는 사랑하는 여인이 타고 갈 말에게 좋은 꼴을 먹이고 싶은가, 이런 생각도 해볼 수 있겠죠. 해석은 무한합니다. 나름대로 해석을 하시면서 시를 즐기시면 돼요. 어떤 해석도 절대적으로 틀린 것은 없거든요.

그다음 '지자우귀 언말기구'(之子于歸 言秣其駒)의 마지막 글자만 앞 장과 다른데요. 이 '구'(駒)는 '망아지'죠. '지자우귀 언말기마'와 '지자우귀 언말기구'도 세트겠죠. '저 여인이 시집가니, 그 여인이 타고 가는 망아지에 꼴을 먹이리라'라는 뜻이 됩니다. 이 구절을 두고 '이 여자가 나에게 시집온다면'이라고 풀기도 합니다. 그렇게 해석해도 되겠죠. 내가 먼저 강을 건너가지 않았지만, 그 여자가 '괜찮은 남자가 강 건너에 있네' 하면서 말을 타고 왔다고 해석하기도 합니다. 『시경』의 번역은 이처럼 다양해요. '다른 남자에게 시집가는데 말이랑 망아지에 꼴을 왜 먹이겠어, 말도 안 되지' 하면서요.

　　마지막으로 이 시는 뒤의 네 구절이 반복되고, 시 제목도 뒷부분에서 따온 것을 통해 뒷부분을 중심으로 볼 수 있고, 앞에 이런저런 구절이 와서 붙었을 수도 있다는 것을 다시 한번 생각해 주세요. 정말 사랑하는 여인이라면, 다른 남자에게 가더라도 잘 살라고 축원해 줄 수 있지 않나요? 세게 머리를 저으시는군요. 위선이라고요? 글쎄요.

10. 여분汝墳

遵彼汝墳 伐其條枚
준 피 여 분　벌 기 조 매

저 여수 강둑을 걸으며
나뭇가지를 꺾었노라.

未見君子 惄如調飢
미 견 군 자　역 여 주 기

군자를 만나지 못하니
허전함이 아침을 거른 것 같았노라.

遵彼汝墳 伐其條肄
준 피 여 분　벌 기 조 이

저 여수 강둑을 걸으며
가지와 새로 난 싹을 꺾었노라.

既見君子 不我遐棄
기 견 군 자　불 아 하 기

군자를 보게 되었으니
나를 멀리하여 저버리지 않으셨도다.

魴魚頳尾 王室如燬
방 어 정 미　왕 실 여 훼

방어 꼬리가 붉거늘
왕실이 불타는 듯하도다.

雖則如燬 父母孔邇
수 즉 여 훼　부 모 공 이

비록 불타는 듯하지만
부모님이 매우 가까이 계시다네.

이 시는 처음 배울 때 정말 이해할 수 없었답니다. 선생님한테 1, 2장과 3장이 연결되지 않는다고 질문했다가 차가운 시선을 받았던 기억이 지금도 생생할 정도입니다. 그런데 주자의 해석 그대로 시를 배우고 외우신 분들은 의문이 있을 수 없었지요. 성인(聖人)인 공자님이 편찬하시고 대학자 주자가 풀어 놓으셨으니까 그대로 배우고 익히면 되는 거였죠. 한 점 의심도 허용하지 않는 완벽한 도학적 세계관 속에서 사신 거죠. 그런데 사실 이 시는 19금 시라고도 할 수 있는데요. 앞으로 이런 시가 많이 나올 거고요. 사실 앞의 〈한광〉도 연애감정이 충만한 작품이라 할 수 있겠죠. 그런데 이런 시들을 주자는 '문왕의 교화'[文王之化]로 새로워진 백성[新民]의 노래라고 보셨지요. 권위가 막강하던 주자학의 시대에는 다른 해석을 할 수 없었답니다. 지금은요? 주자 해석을 알기는 해야 하지만 훨씬 자유롭지요. 그래도 주자의『시경』해석을 공부해야 해석의 역사를 알고, 옛 분들과 소통할 수 있답니다.

이제 우리가 읽을 이 시의 제목은 〈여분〉(汝墳)인데 '여'(汝)는 회수(淮水)로 들어가는 강 이름이고, '분'(墳)은 원래 '무덤'을 뜻하는데, '흙이 솟아오른 것', 강둑을 가리키기도 합니다. 그러니 '여분'은 '여수(汝水)의 강둑'이라는 뜻이 되는 거죠. 자 이제 차례대로 살펴보도록 하겠습니다.

① 遵彼汝墳 伐其條枚 未見君子 惄如調飢

'준피여분'(遵彼汝墳)의 '준'(遵)은 '따라간다'는 뜻이죠? '준법 정신'이라 할 때의 '준'이기도 합니다. 그러니까 '준피여분' 은 '저 여수의 강둑을 따라서 걷노라' 이렇게 번역됩니다. 강 둑을 따라 하염없이 걷고 있는 한 사람의 모습을 상상하시 면 되고요. 그 옆에는 나무들이 자라고 있겠죠? 그래서 '벌 기조매'(伐其條枚)라는 말이 나옵니다. '조'(條)는 '가지'고요, '매'(枚)는 원래 종이 같은 것을 세는 단위지만 여기서는 '나 무 줄기'라는 뜻으로 쓰였습니다. 그러니까, 여수 강가를 걷 다가 나무를 벤다는 내용으로 보면, 좀 이상하지요?

　이럴 때는 시 전체의 흐름을 먼저 봐야 합니다. 우선 1장 에는 '미견군자'가 나오고 2장에는 '기견군자'가 나오네요. 2 장에서 '이미 군자를 보았다'고 한다면, 1장을 현재의 시점 에서 과거를 회상하는 식으로 풀어야 합니다. '저 여수 강둑 을 하염없이 걸었지. 걸으며 나무의 가지와 줄기를 꺾었지.' 여자가 강둑을 걸어가며 나뭇가지를 꺾었는데, 이유는요? 그리움이지요. 누군가를 그리워하며 강둑을 걸어가면서 나뭇가지를 꺾은 겁니다.

　이미 말씀드렸듯, 『시경』에는 전쟁이나 부역 나간 남편, 아들, 동생 등을 그리워하는 아내, 부모, 형의 노래가 많습니다. 그리움, 안타까움이 가득 담겨 있지요. 1장은 '행역'(行役), 부역을 나간 남편을 그리워하는 아내의 노래입니다. '행역'은 '역(役)을 간다'는 뜻인데, 일꾼이나 병사로 끌려가는 것 모두를 의미합니다.

　'미견군자 역여주기'(未見君子 惄如調飢). 이 부분이 아주 기가 막히죠. '미견군자'는 '그대를 보지 못하니'로 풀 수 있습니다. '군자'는 남편으로 보아도 좋고, 애인으로 보아도 좋습니다. 그다음 '역여주기'가 대단한 표현입니다. '역'(惄)은 '허기지다'의 뜻이에요. 자기가 사랑하는 사람을 만나지 못한 허전함을 '허기'로 표현하네요. 저는 이 부분을 읽을 때마다 감탄합니다. 그냥 배고픔이 아니라 그리움으로 마음이 헛헛해지면서 허기가 든 것 같아지는 거지요. '그리움이 허기가 되다니!' 깊게 공감하는 분들도 계시네요. '주기'(調飢)의 '주'(調)는 원래 '고를 조' 자이지만, 여기서는 '아침 주'로 쓰였어요. '주기'는 '아침을 굶주렸다'의 뜻이니, 아침밥을 넘길 수 없었단 말이 됩니다. 너무 그리워서 강둑을 걷고, 그러다 심한 허전함, 허기가 몰려옵니다. 그게 어떤 느낌인가 하면 아침을 안 먹은 느낌이라는 거예요. 대단한 표현이죠! 저도 이 표현을 좋아합니다. 대부분 '주'(調)를 '아침 주'로 풀지만 『시경』의 다른 판본에는 '거듭 주(輈)'로 나오기도 해서 '허전하기가 몇 끼를 굶은 것 같다'라고 해석해도 됩니다. 이 표현도 좋죠? 다만, 요점이 '역'(惄)에 있다는 것만 기억하세요. 외로움에서 오는 허전함, 헛헛함이 포인트랍니다.

② 遵彼汝墳 伐其條肄 旣見君子 不我遐棄

앞부분은 1장과 같고, '벌기조이'(伐其條肄)가 달라졌네요. 일단 A-A'로 볼 수 있지요. '조'는 앞에서 말한 대로 '나뭇가지'라는 뜻입니다. '이'(肄) 자에 대해서는 설명할 게 좀 있습니다. 이 글자는 본래 '익히다'는 뜻인데 여기서는 '가지에 나는 새순'을 말합니다. 움이 튼다고 하죠? 이렇게 나무에 새순이 돋았다면 1장에서부터 이미 1년의 시간이 지난 것을 의미합니다. 행역을 가면 대개 1년이 지나서 돌아옵니다. 예전의 역(役)은 10개월 정도였고, 1년을 넘기면 병사들이 고향 생각, 농사 걱정으로 소요를 일으키기도 합니다. 어쨌든 사랑하는 사람이 역을 마치고 돌아왔고, 그사이 1년여가 지나 나뭇가지에 새순이 돋는 계절인 겁니다.

그다음 구절도 1장과 거의 같은데, 다만 '미견군자'가 '기견군자'(既見君子)로 바뀌었습니다. 이미 군자를 만나 보았다고 하네요. '불아하기'(不我遐棄)라는 표현도 기가 막혀요. '나를 멀리하여[遐] 버리지[棄] 않았도다'래요. 예전엔 군대를 간 사람이 못 돌아오는 경우가 많았고, 혹은 다른 지방을 떠도느라 안 오는 경우도 있었죠. 나가 보니까 세상이 좋은 거야! 그래서 떠돌이로 사는 거죠. 옛날 여인들은 남편과 자식을 군대 보내 놓고 다른 곳으로 갈까 봐 걱정도 해야 했습니다. 그래서 작중 화자인 아내는 남편이 자기에게 돌아와 준 것에 고마워합니다.

③ 魴魚赬尾 王室如燬 雖則如燬 父母孔邇

갑자기 물고기가 등장합니다. 그것도 방어가 등장하네요. 왜 갑자기 방어가 나오는 걸까요? 좀 뜬금없어 보이죠. 하지만 이 구절은 인용빈도가 높고 유명하답니다. 여기서의 '정'(赬)은 '붉다'는 뜻이니까, '정미'는 방어 꼬리가 붉다는 말이네요. 방어가 평소에는 꼬리가 하얀데, 스트레스를 받으면 빨개진다고 해요. 학정으로 나라가 어지러우니, 백성들이 전쟁터에 끌려가고 죽고 하겠지요. 이런 힘들고 고생이 심한 상황을 '방어정미'(魴魚赬尾)라고 한답니다. 그러면 여기서 방어는 백성이 되겠네요. 다른 시에서도 '정미'(赬尾)라는 말이 나오면 이 구절이 원출전입니다. 워낙 유명한 단어랍니다.

'왕실여휘'(王室如燬)의 '왕실'을 주자는 은(殷)나라로 봤어요. 이 시의 배경을 기원전 1000년 무렵, 은나라에서 주나라로 왕조가 바뀔 때의 상황으로 설정한 겁니다. 『시경』이 기원전 1000년 무렵에 정착되었다고 하고 특히 「주남」의 시들은 문왕의 교화와 연계지어 해석하는 전통이 있지요. 은나라의 마지막 왕으로 폭군의 대명사인 주(紂)에 대해서는 들어 보셨죠. 이 작품에서의 왕실을 주(紂)가 다스리는 땅으로 보았기 때문에 이 지역이 불타오른다[燬]라고 말하고 있습니다.

'휘'(燬) 자는 '불타다'라는 뜻입니다. 글자만 보아도 불타서 무너져 내리는 게 연상되지요? 당시에 주왕이 전쟁을 통해 영토 확장을 했거든요. 은나라가 망했기 때문에 주왕에게 '폭군'이라는 수식어가 붙은 것이지, 그렇지 않았다면 '정복군주'가 되었을 수도 있어요. 역사는 그런 겁니다. 아무튼 주왕이 전쟁을 많이 하면서, 민심을 잃고 왕조가 바뀌게 됩니다. 민심이 바뀌었으니 문왕의 아들 무왕(武王)이 쳐들어

왔을 때 제대로 막을 수 없었던 거죠. 어쨌든 이 시의 배경을 왕조 교체로 상당히 혼란스러웠던 시대로 설정한 것입니다.

3장까지 읽고 나면, 시의 형식이 A-A′-B 유형인 것을 아시겠지요? A와 A′는 시상이 연결되는데, 이 마지막 장의 내용은 갑자기 왜 여기 와서 붙는 걸까요. 사실 몇십 년 동안 『시경』을 읽고 강의도 하지만 이 부분은 여전히 이상해요. A와 A′에서는 지극히 개인적인 경험을 이야기합니다. 그러다 갑자기 B에서는 나라 이야기를 하거든요.

다음 구절을 마저 보겠습니다. '수즉여훼'(雖則如燬)의 '즉'(則)은 해석하지 않습니다. '왕실이 불타는 듯하다'라네요. 민생은 꼬리가 붉어진 방어처럼 도탄에 빠져 있고 왕실은 불타 무너질 지경이니 정말 참혹한 시대입니다. 그러면 '부모공이'의 '부모'는 누구를 말할까요? 두 가지 해석이 가능합니다. 우선 부모를 우리를 고통해서 해방시켜 줄 '문왕'으로 보는 겁니다. 부모님처럼 우리를 가엾게 여기시고 구원해 주실 분이 '공이'(孔邇)하답니다. '공'(孔)은 부사로서 '매우'라는 뜻이고, '이'(邇)는 '가깝다'는 뜻입니다. '매우 가까이 계시다'라는 뜻이 되죠. 정리하면 '조만간 부모님 같은 위대하신 그 분이 우리를 구원해 주시리라'라는 뜻이 됩니다. 주(紂)의 폭정에 지친 백성들이 구원자를 기다리는 거지요. 다른 해석은 '부모'를 남편의 부모로 보는 것이지요. 1년 만에 그리워하던 남편을 만났어요. 아내는 살림이 어렵고 나랏일이 급하지만 그래도 다시는 가까이 계신 부모님을 떠나서는 안 된다고 호소하는 것이지요. 어느 쪽이 더 마음에 와닿으시나요?

상대를 못 만나 허기진 듯 그리워하면서 하염없이 강둑 걷고 나뭇가지를 꺾기도 하다가, 다음 해 봄에 님이 돌아왔으니 살아 온 것이 고마울 뿐이지요. 그러고 나서 갑자기 3장의 내용이 나오는 겁니다. 물론 남편이나 애인이 전쟁에 나간 이유를 생각해 보면, 3장의 내용이 아주 동떨어진 것이 아니지요. 이 시는 작중 화자의 현재 시점을 A로 두셔도 좋고, A′로 두셔도 좋아요. 정해진 답은 없습니다. B부분만 보면 참요(讖謠: 시대적 상황이나 정치적 징후를 예언하는 노래)라 할 수 있습니다. 은나라의 멸망을 '예언하는 민간의 노래'이니까요.

11. 린지지 麟之趾

麟之趾 振振公子
린 지 지 진 진 공 자

于嗟麟兮
우 차 린 혜

기린 같은 발걸음이여,
멋있는 제후의 아들이로다.
아! 기린이로다.

麟之定 振振公姓
린 지 정 진 진 공 성

于嗟麟兮
우 차 린 혜

기린 같은 이마여,
멋있는 제후의 자손이로다.
아! 기린이로다!

麟之角 振振公族
린 지 각 진 진 공 족

于嗟麟兮
우 차 린 혜

기린 같은 뿔이여,
멋있는 제후의 일가로다.
아! 기린이로다!

이제 「주남」의 마지막 시입니다. 갑자기 '기린'(麒麟)이 등장하네요. 동물원의 그 기린이 아니고요. 고라니의 몸에 소의 꼬리, 말의 발굽을 지녔다고 전해지는 상서롭고 어진 동물이랍니다. 『춘추』 애공 14년(BC 481)을 보면 '봄에 서쪽으로 사냥 가서 기린을 잡았다'라는 문장이 있지요. '서수획린'(西狩獲麟)인데 오직 공자님만 '기린'을 알아보셨답니다. 시 제목 〈린지지〉의 '지'(趾)는 발바닥인데요. 풀어 보자면 '기린의 발굽' 정도가 되겠네요. 기린은 살아 있는 풀[生草], 살아 있는 벌레[生蟲]를 밟지 않는다고 합니다. 한 장씩 살펴보죠.

① 麟之趾 振振公子 于嗟麟兮

'린지지'의 '린'은 '기린'인데요. 기린을 그린 그림 중에는 지상에서 약간 떠서 날아다니는 듯이 표현한 것도 있답니다. 그만큼 신이한 존재입니다. '린지지'는 그런 기린의 발굽이라는 뜻이고요. '진진'(振振)은 앞의 시(〈종사〉)에서도 나온 적이 있는데요, 그때는 '번성한 모양'이었죠. 여기서는 '어질고 후덕하다'[仁厚]라는 뜻으로 쓰였습니다. 이런 구절을 풀기가 참 어렵죠. 이런 의미는 사전에도 등록되어 있지 않고요.

『시경』에는 여러 주석서가 있는데, 앞서 말한 『모시』나 당나라 초의 유학자인 공영달의 『모시정의』에서는 이렇게 글자 하나하나까지 해석하지는 않습니다. 그런데 주자는 '한 단어도 놓치지 않으리라!' 하면서 『시경』 완전 정복'의 의지에 불타셨던 것 같아요. 『시경집전』에는 거의 모든 단어에 주석이 붙어 있으니까요. 그런데 이렇게 하면서 자신의 의도에 맞게 해석한 부분도 있어요. 특히 의성어나 의태어를 자신이 원하는 시 해석 맥락에 맞게 바꾸었죠. 이것이 주자 시 해석의 비밀 중 하나랍니다.

그래서 제가 여러분에게 좀 융통성 있게 봐도 된다고 말씀드리는 겁니다. '진진'을 '어질고 후덕하다'라 하셔도 되고 '멋있는'이라고 하셔도 되죠. '진'의 글자 자체는 진동하고 울린다는 뜻인데, 저 멀리서 기린 같은 공자, 즉 잘생긴 귀족 남성이 걸어오고 있는 것을 표현한 거잖아요? 자신이 좋아하는 연예인을 마주쳤을 때의 느낌으로 읽으시면 돼요. 주자는 이 부분에 주를 달기를 '문왕과 문왕의 부인인 태사(太姒)의 인후함으로 인해서 그의 자제들도 어질고 후덕했다[文王后妃仁厚, 故其子亦仁厚]고 하는데, 굳이 그렇게 읽지 않으셔도 됩니다. 기린 같은 멋진 남성을 보고 부른 노래라고 해도 되니까요. 마지막의 '우차린혜'(于嗟麟兮)의 '우차'는 한 단어로 '아!'라는 감탄사입니다.

② 麟之定 振振公姓 于嗟麟兮

'린지정'(麟之定)의 '정'(定)은 일반적으로 '정할 정'으로 풀지요. 그런데 사전을 뒤져서 가장 끝까지 읽으면 '이마', '앞머리'라는 뜻이 나옵니다. 때문에, '린지정'은 '기린 같은 이마여'라고 해석하시면 됩니다. 같은 방식으로 1장의 '린지지'(麟之趾)는 '기린 같은 발걸음', 3장의 '린지각'(麟之角)은 '기린 같은 뿔이여'가 되고요.

　우리는 누군가 너무나 멋있는 사람을 스케치할 때 우선 어떤 포인트를 잡잖아요? 어떨 때는 다리만, 어떨 때는 이마만, 어떨 때는 머리만 보는 거죠. 이것이 '시'(詩)의 표현이랍니다. 어떤 시에서는 아름다운 여자를 묘사하면서 그녀의 머리핀만 이야기하죠. 그래야 그 여자를 상상할 수 있는 여지가 생기지요. 이것이 바로 무한한 상상력을 일으키는 시적 표현이죠. 그 사람의 얼굴을 세밀화처럼 말하면 격이 떨어져요! 그럴 필요가 없습니다. 그러니 그 사람의 걸음걸이, 발자국 소리 등을 표현하는 것이죠.

　'진진공성'의 '공성'(公姓)은 제후의 자손으로 당시 귀족

을 말하는 것이고, '우차린혜'는 앞의 1장에서 나온 해석과
같습니다.

③ 麟之角 振振公族 于嗟麟兮

'린지각'에 대해서는 앞에서 살펴보았고요. 1장과 2장에서
는 '공자'와 '공성'이 나왔고 이제는 '공족'(公族)이 나와요. 제
후의 일가로 다 귀족을 이야기합니다. 앞의 〈토저〉에서 배
운 '규규무부'(赳赳武夫)에서의 주인공은 평민이었어요. 지금
도 그런지 모르겠지만, 이 시대 여자들의 노래에는 지배층
남성에 대한 환상이 있었습니다. 교양을 갖추고 옷차림도
세련되었으니까요. 하지만 자신이 사랑하는 대상을 '공자',
'공손', '공성'으로 불렀다고 봐도 됩니다. 제후의 자손 못지
않게 멋있다고요. 이 시 역시 복잡하게 생각하실 것 없이, 그
냥 자신이 사랑하고 있는 멋진 남성을 읊은 노래라고 생각
하셔도 좋을 것 같아요.
　　자 이렇게, 「주남」을 모두 읽었습니다. 〈관저〉에서 〈린지
지〉까지, 「주남」은 전체가 11편이고, 총 34장으로 이루어져
있습니다. 총 159구고요. 주자가 이걸 다 헤아려 적어 놓으
셨네요. 참 꼼꼼하신 분이죠?『시경』15개 나라의 '풍' 중에

첫 편인 「주남」을 읽었는데요. '아!『시경』의 시들이 이렇구나', 하고 감을 잡으셨을 거예요. 지금으로부터 3000여 년 전 작품들이지만 사랑하고 그리워하고, 나물 뜯어다 삶고, 괴로우면 술 한잔에 시름을 잊고…. 지금의 우리 모습과 다르지 않습니다.이제 다음 편인 「소남」으로 넘어가도록 하겠습니다.

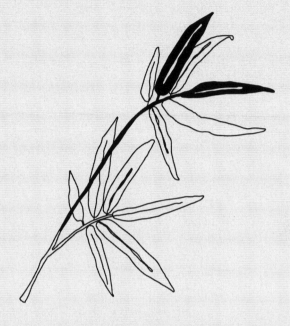

소남
召南

,

소남 지역의 노래

이제 「소남」(召南)으로 들어갑니다. 다른 제목에는 다 '○風'이라고 하여 특정 지역을 밝혔는데 왜 「주남」과 「소남」에는 '남'(南)이라는 글자가 붙어 있는가에 대해서는 「주남」에 대해 설명할 때 간략히 말씀을 드렸었죠. 확실히 특정 연주 스타일일 확률이 높아요. 하지만 12세기의 주자는 노랫말만 가지고 「주남」을 문왕의 교화가 미친 지역이라 했지요. 이런 교화론적 해석은 「소남」에서도 이어집니다.

「주남」의 시들은 문왕의 교화에 영향받은 작품이라면, 「소남」은 소공 석(奭)이란 인물이 다스렸던 지역에서 불린 노래입니다. 「주남」은 천자의 영토에서 불린 노래이고, 「소남」부터는 제후의 땅 채읍(采邑)에서 불린 노래들입니다. 소공에 대한 정보는 『서경』 「소고」(召誥)와 『사기』 권34 「연소공세가」(燕召公世家)에 남아 있답니다. 「연소공세가」에 의하면 소공 석(奭)은 주의 동성 제후 중의 한 사람으로 무왕이 '소'(召: 섬서성 기산현 서남쪽) 지역을 채읍으로 주었기 때문에 '소공'이라 불렸습니다. 그의 후손이 '연'(燕: 하북성 북부와 요

녕성 일대) 지역에 봉해졌기 때문에 춘추전국시대 연나라의 시조가 된 것이지요. 무왕이 죽고 아들 성왕이 천자가 되었지만 어렸기 때문에 주공(周公)이 섭정했는데, 소공은 주공이 천자의 자리를 찬탈할지도 모른다고 우려하여 주공을 견제하기도 했답니다. 주공과 소공의 권력투쟁에 관련된 작품들은 뒤에 「빈풍」(豳風)에서 다시 나옵니다. 기대하셔도 좋습니다.

후대의 학자들은 '소공'이 주나라 초의 소공 석이 아니라 주선왕(재위 BC 827~782) 시대에 활약했던 소목공(召穆公)으로 이름이 호(虎)였던 인물로 봐야 한다고 주장합니다. 「소남」의 시에 양자강과 한수 일대가 나오는데 소목공이 회남(淮南) 지역을 평정했기 때문이지요. 그러면 「소남」의 작품들은 서주에서 동주(춘추시대)에 걸친 시기의 노래가 된답니다. 하지만 이렇게까지 고증하는 것은 너무 머리 아플 테니, 선인들이 읽으셨던 대로 소공을 주나라 초기의 제후 석(奭)으로 보고 강의를 진행하도록 하겠습니다.

「소남」은 이렇게 소공 석이 다스렸던 지역의 시를 모은 것이라는 점을 염두에 두시고요. 본격적으로 한 편씩 읽어보도록 하겠습니다.

1. 작소鵲巢

維鵲有巢 維鳩居之
유 작 유 소 유 구 거 지

之子于歸 百兩御之
지 자 우 귀 백 량 어 지

까치가 지은 집에,
산비둘기가 와서 사네.
저 아가씨 시집감이여,
백 대의 수레로 맞이하네.

維鵲有巢 維鳩方之
유 작 유 소 유 구 방 지

之子于歸 百兩將之
지 자 우 귀 백 량 장 지

까치가 지은 집을,
산비둘기가 차지했네.
저 아가씨 시집감이여,
백 대의 수레로 전송하네.

維鵲有巢 維鳩盈之
유 작 유 소 유 구 영 지

之子于歸 百兩成之
지 자 우 귀 백 량 성 지

까치가 지은 집에,
산비둘기가 가득 찼네.
저 아가씨 시집감이여,
백 대의 수레로 예를 이루네.

작품 제목이 '작소'입니다. '작'(鵲)은 까치를 말하고, '소'(巢)는 '새 집'이라는 뜻입니다. 제목이 '까치집'이군요. 시의 형식은 A-A′-A″ 타입이죠? 등장하는 새는 까치와 비둘기[鳩], 두 종류고요.

① 維鵲有巢 維鳩居之 之子于歸 百兩御之

까치가 지은 집에, 비둘기가 와서 산다니, 이게 무슨 말일까요? 까치는 집을 짓는 솜씨가 좋대요. 그런데 비둘기는 집을 못 짓는다고 하네요. 정말 주변의 많은 비둘기들이 까치집에서 사는지는 의문이네요. 집을 짓는 것 같거든요. 이 구절은 시 작법으로 보면 '흥'(興)인데요. 까치집을 보고, 남자가 터를 잡고 집을 지으면 여자가 시집와서 사는 모습을 떠올린 것이죠. 남자는 까치, 여자는 산비둘기가 되는 겁니다. 이 시대 사람들의 상상력이 이러했던 겁니다. '유구거지'(維鳩居之)의 '구'(鳩)를 저희 선생님은 꼭 '산비둘기'라고 하셨었어요. 제가 그냥 '비둘기'라고 하면 꼭 '산'을 붙여 말씀해 주셨습니다.

그다음 '지자우귀'는 정말 자주 나오죠? 음악은 남아 있지 않지만 선창, 후창으로 부르지 않았을까요. 한 사람이 선창하면 나머지 사람들이 3, 4구를 부르는 것이지요. '백량어지'(百兩御之)의 '량'(兩)은 원래 '둘'이라는 뜻이지만 여기서는 수레바퀴가 두 개인 것을 말해요. '량'은 수레를 세는 단위도 되거든요. '저 아가씨 시집감이여, 백 대의 수레로 맞이하네'라니! 어마어마하죠? 주자는 수레가 백 대나 움직이는 규모를 보고 제후 집안끼리의 결혼이라 보았는데요. 요즘으로 치면 재벌가끼리 결혼하면서 엄청 화려한 예식을 치르는 모습이지요. 그런데 제 생각에 결혼 축하곡에는 과장이 필요하기 때문에 이런 구절이 만들어진 것이 아닐까 싶기도 해요. 실제로는 수레 한 대는커녕 맨몸으로 하는 결혼이라도 축하노래는 '끝없는 수레 행렬'이라고 하지 않나요? 저는 이렇게 보고 싶습니다. '백량어지'의 '어'(御)는 본래 '말을 몰다'라는 뜻인데 여기서는 '환영함'을 말해요. '맞이할 영(迎)'의 뜻이죠. 물론 왕을 상징하는 글자로도 쓰이죠. '어가'(御駕), '어고'(御庫) 등으로 쓰이기도 하는데, 여기서는 '백 대의 수레로 맞이하네' 정도가 적당해요. 어느 시대에나 결혼에는 재물이 이동하고 재산 분배가 이루어지지요.

② 維鵲有巢 維鳩方之 之子于歸 百兩將之

1장과 다른 부분만 보면 되겠지요. '유구방지'(維鳩方之)의 '방'(方)을 볼까요. 앞의 「주남」〈한광〉에서는 '방'(方)이 '뗏목', '널빤지'였는데, 여기서는 다릅니다. '까치가 집을 지으니, 비둘기가 와서 사네'처럼 '방'(方)을 '유'(有), 즉 '차지하고 산다'의 뜻으로 풉니다.

　'백량장지'(百兩將之)의 '장'(將)은 '전송하다'라는 뜻이에요. '송'(送)과 통하지요. 이 구절의 해석은 '저 아가씨 시집감이여, 백 대의 수레로 전송하네'가 되겠지요?

　『장자』「대종사」 편에는 이런 표현이 있습니다. "진인(眞人)이 마음을 쓰는 것은 거울과 같다." 우리는 거울과 같은 마음으로 살아야 한다는 말인데요, 우리에겐 슬픔, 고통 등 여러 가지 경험과 감정이 있죠?『장자』에서는 이 모두를 '장'(將)하지도 말고 '영'(迎)하지도 말라고 합니다. 이때의 '장'은 '따라가지 말라', '영'은 '미리 짐작하지 말라'라는 뜻이에요. 무슨 말인가 하면, 순간의 감정에 끌려다니거나 미리 예측해서 걱정하지 말라는 겁니다. 거울은 무엇이든 다가오면 비출 뿐이지 거울이 감정을 드러내지 않잖아요? 감정에 휩쓸리는 것은 상당한 힘의 소모를 가지고 오지요. '장'은 '장

수, 장차, 거느리다' 등 뜻이 많지만 여기서처럼 '따라가다, 전송하다'로도 많이 쓰입니다. 시간도 없는데 어쩌다『장자』가 나왔네요. 이 용례를 기억하세요.

③ 維鵲有巢 維鳩盈之 之子于歸 百兩成之

'유구영지'의 '영'(盈)은 가득 채웠다는 말입니다. 이 부분은 설명이 또 필요합니다. 까치가 집을 지어 놓았더니 산비둘기가 차지하고 집을 꽉 채웠네요. 우리는 그냥 '그런가 보다'라고 하지만 꼼꼼하신 주자 선생님은 이렇게 말씀하셨죠. 한 여자가 시집온 것이 아니라 여러 여자가 같이 온 것이라고요. 뭔 소리냐고요?

이때 결혼제도는 일부다처제인 '잉첩제'(媵妾制)였어요. 지금 시대에 이야기하기에는 참 민망한데요. 평민들의 결혼제도는 아니고, 천자와 제후국, 또는 제후 집안끼리의 결혼은 '잉첩제'였습니다. 제후의 딸들이 여러 명인데 뿔뿔이 시집가면 외교 관계가 아주 복잡해지니까 딸들을 같이 한 집안으로 시집을 보내는 겁니다. 언니가 시집갈 때 동생, 사촌이 같이 가는 것인데, 몇 명이 따라가는지도 그때마다 다르고요. 2~3명에서 5명 정도였던 것 같습니다. 일례로『좌전』

의 기록(BC 637)을 보면 진목공(秦穆公)이 진문공(晉文公)에게 다섯 명의 공녀(公女)를 시집보냈다고 하거든요. 어쨌든 제후 집안에서 시집을 가면서 한 명이 가는 경우는 없습니다. 두셋은 기본이고, 많으면 대여섯도 가죠. 어떻게 보면 굉장히 현실적 이해관계가 반영된 결혼제도였던 겁니다. 세 명이 가면 적어도 한 명은 남편과의 관계가 좋을 수 있고요. 그 가운데 한 명은 아들을 낳을 거예요. 또 설령 한 명이 아들을 낳다가 죽는다 해도 다른 자매들이 아들처럼 키우겠죠. 다른 나라의 세력이 들어오고 다른 나라의 여자가 권력을 장악하는 것을 막아 낼 수 있으니까요. '잉'(媵)은 '시첩'(侍妾)으로 처와 첩의 구분이 엄격했다는 것은 기억해 두시고요.

이 여자들을 따라가는 본국의 신하들을 '잉신'(媵臣)이라고 합니다. '따라가는 신하'라는 의미죠. 여자들만 덜렁 보낼 수는 없지요. 잉신은 잉첩과 힘을 합쳐 양국의 외교관계를 유지하고, 고급 정보를 본국으로 보내기도 하고, 후계자 문제에 깊이 개입하기도 합니다. 때문에 『한비자』(「비내편」備內篇)에는 "군주에게 최고의 위험 요소란 아내와 큰아들이다"라는 말도 나오는 거지요. 이런 결혼제도 아래서는 부부의 영원한 사랑은 꿈 같은 이야기입니다. 이 시 외에도 잉첩과 관련한 작품은 『시경』에 정말 많이 나옵니다. 시대 배경이 그랬으니까요.

결혼제도와 관련해서 한 가지 더 말씀을 드리자면 춘추
시대 초기까지 '잉첩제'와 함께 '증첩제'(烝妾制)라는 것이 있
었어요. 이것은 아버지의 자리를 계승한 아들이 자기보다
항렬이 높은 아버지의 여자를 아내로 맞이하는 것을 말합니
다. '증'(烝)은 '김이 오른다'는 뜻이잖아요? 아버지의 여인과
결혼하는 것을 표현하는 말입니다. 이 결혼제도를 중국학자
들은 유목민으로부터 온 것이라 하는데, 저는 그렇게 생각
하지 않아요. 형사취수제(兄死娶嫂制)가 있지요? 형님이 돌
아가시면 형수와 결혼하여 형이 남긴 가족을 책임지는 것.
'증첩제'는 이것의 원형 같아요. 이 대목에서 지금 기준의
'윤리'로 재단하시면 안 됩니다. 이건 생활의 문제예요. 고대
사회에서 여자 홀로 살아갈 방법이 없거든요. 형수뿐 아니
라 형님의 자식들에게도 자신이 책임지고 재산을 관리해서
살 수 있게 해줘야지요. 일종의 후견인 제도예요.

이러한 증첩제의 기원은 '부족장 제도'에서 왔다고 하는
데요. 이때의 결혼은 서로 얼굴을 보고 애정을 기반으로 하
는 것이 아니라, '계약 결혼'이자 결혼 동맹이에요. 부족끼리
의 결합이죠. 그래서 아버지의 모든 것을 물려받은 후계자
는 자기 어머니를 제외한 여인들도 물려받습니다. 이 풍습

이 오래 남아 있던 곳이 흉노족인 거예요. 한나라 원제(元帝, 재위 BC 49~BC 33)의 후궁 왕소군(王昭君)이 흉노의 부족장 호한야선우(呼韓邪單于)에게 시집갔다가 남편이 죽은 뒤 후계자가 된 아들과 다시 결혼한 것이 유명하죠. 이런 결혼제도는 한반도에서도 고대 사회에 있었던 제도입니다. 국사 교과서에 나오지 않을 뿐이지요.

잉첩제를 설명하다가 시간이 많이 갔네요. 마지막으로 '백량성지'(百兩成之)를 볼까요. 이때의 '성'(成)은 '결혼의 예를 이룬 것, 다한 것'을 말합니다. 까치가 집을 짓고 비둘기가 와서 살고 있는 모습을 보니 저 여인이 시집가서 어떻게 살지가 보인다는 거죠. 앞의 '백량'을 설명할 때, 과장일 수 있다고 말씀드렸는데, 실제로 제후국 사이에 결혼 동맹을 맺을 때는 '백량'씩 움직일 수도 있었겠죠. 혼수가 어마어마했던 겁니다. 특징적인 것은 이러한 결혼 동맹에는 계약서를 쓴다는 겁니다. 요즘 미국 같은 곳의 부유층이 혼전계약서 쓰는 것을 보고 타산적이니 뭐니 하지만 원래 다 쓰는 겁니다! 양반들도 결혼 계약서를 썼죠. 주로 사주단자 갈 때 이 계약서가 전해집니다. 인사동에서 가끔 고문서를 전시하면 이런 계약서를 볼 수 있는데 한번 자세히 살펴보세요. 여기에는 이불 몇 채, 버선 몇 켤레, 종 이름, 가져가는 땅 등등이 모두 언급되어 있습니다. 비밀문서도 있어요. 비공식적인 언약 같은 건데요. 가령 '딸이 시집가서 죽었을 때 가져간 재산의 몇 프로를 돌려주고 딸의 제사를 지내 준다'와 같은 내용이 있기도 합니다. 상당히 구체적이죠. 자식 없이 죽었을 때, 자식이 아들일 때, 딸일 때 등등 다 고려하는 겁니다! 이게 틀어지고 안 지켜지면 재판으로 가요. 전근대 사람들이 우리보다 더 똑똑하게 살았죠? 우리는 허술하게 이런 것도 안 쓰고 사랑만 믿고 결혼하는데 말이에요. 남녀간 사랑의 유효기간을 모두 알고 있으면서도요. 왜 쓴웃음을 지으시나요?

2. 채번采蘩

于以采蘩 于沼于沚
우 이 채 번 우 소 우 지

쑥을 캐네.
못가에서 물가에서.

于以用之 公侯之事
우 이 용 지 공 후 지 사

이 쑥을 어디에다 쓰나,
공후 집안 제사에 쓴다네.

于以采蘩 于澗之中
우 이 채 번 우 간 지 중

쑥을 캐네.
산골 시냇가에서.

于以用之 公侯之宮
우 이 용 지 공 후 지 궁

이 쑥을 어디에 쓰나,
공후 집안 사당에서 쓴다네.

被之僮僮 夙夜在公
피 지 동 동 숙 야 재 공

머리장식을 한 저 여인의 신중한 행동
거지,
새벽부터 밤까지 공후의 집에 있다네.

被之祁祁 薄言還歸
피 지 기 기 박 언 선 귀

머리 장식 서서히 움직이니,
잠깐 집에 돌아가도다.

『시경』에 등장하는 시 하나하나가 넓게는 동양문화, 좁게는 동양의 모든 시 작품에 용례로 스며들어 있습니다. 그래서 전근대 사회에서는 『시경』과 『초사』가 필독서였지요. '흥어시'(興於詩)! 감성교육의 출발점이었으니까요. 그렇습니다. '시'는 주로 두 가지의 흐름이 있는데, 하나는 『시경』이고 다른 하나는 『초사』입니다.

『시경』의 흐름은 당나라 시기로 오면 두보(杜甫, 712~770)에게로 이어집니다. 두보의 시는 소박하면서도 현실적이지요. 『초사』는요? 읽어 보면 신선이 막 날아다니기도 하고 꿈속을 헤매기도 합니다. 이런 경향은 이백(李白, 701~762)의 시에 나타나요. 동양 문화의 시는 이런 두 가지 흐름이 있습니다. 현실주의와 낭만주의라고 할 수 있을까요.

그럼 우리는 지금 무엇을 읽고 있는 거죠? 『시경』이니까 생활 체험에서 나온 현실적 작품들이 주류를 이룹니다. 그래서 오늘 읽을 시에서도 이런저런 식용 나물 좀 캐야 합니다. 이게 현실이지요. 이백의 시에는 이런 나물 캐는 이야기 같은 것은 시시해서 안 나옵니다. 노래하고 춤추는 아름다운 여인이 나오지요. 반면 두보의 시에는 봄에 먹을 것이 없어서 나무껍질을 벗기고, 가을에는 도토리를 줍기도 합니다. 어떻게 배고픔을 면할까 이리저리 궁리하지요. 이렇게 동양 정신세계의 두 영역. 현실과 낭만이 『시경』과 『초사』에서 수준 높게 펼쳐진답니다. 우선은 현실에서 출발하시는 게 좋아요. 너무 꿈과 낭만으로 휙 날아가 버리면 현실로 돌아오기 힘들거든요. 그래서 우리의 시 공부는 『시경』에서 『초사』로!

　오늘 읽을 시 〈채번〉(采蘩)의 제목을 좀 보죠. '채'(采)는 '캐다'라는 뜻입니다. '번'(蘩)은 쑥 종류 중에 하나입니다. '백호'(白蒿)라고 주석이 붙어 있는데, '다북쑥', '산흰쑥', '새발쑥' 등 해석이 다양합니다. 저도 몇 번 본 것 같기는 합니다. 늪지대나 물가에 가면 쑥 중에서도 잎이 조금 흰 빛이 도는 것들이 있어요. 역시 인터넷에서 검색하는 게 가장 빠르겠지요. 아마 다양한 쑥 종류가 나올 겁니다. 이 시도 짧은 작품으로, A-A′-B 형식으로 구성되어 있네요. 마지막 구를 보면 '이 이야기가 여기 왜 있지?', 싶지만 앞에서 이야기한 것처럼 다른 곳에서 돌아다니던 문장이 얼마든지 여기 붙을 수 있는 거죠! '채번'을 굳이 '흰 쑥을 캐다'라고까지 할 필요는 없고요, '쑥을 캐네' 정도로만 풀겠습니다. 이 시는 나물 캐는 아가씨가 일하면서 부른 노동요인데요. 기본적으로 민요는 노동요에서 나온 것이 많을 수밖에 없지요. 본격적으로 〈채번〉으로 들어가 보겠습니다.

① 于以采蘩 于沼于沚 于以用之 公侯之事

'우이채번'(于以采蘩)의 '우이'는 해석하지 않아도 됩니다. 『시경』에는 '우이'(于以), '월이'(越以), '원이'(爰以) 같은 어조사가 쓰인답니다. 글자 수도 맞추고 감정도 고조시키지요. 그래도 해석하고 싶으시면 '아!' 정도의 감탄사가 좋습니다. 두번째 구 '우소우지'(于沼于沚)의 '우'(于)는 '~에서'라고 장소를 나타내는 조사입니다. 쑥을 캐는데 '소'(沼)에서도 캐고 '지'(沚)에서도 캔다고 해요. 쑥 캘 때 이곳저곳 다니면서 캐잖아요. '소'는 사전에 '못 소'라 되어 있는데 '물가'의 의미입니다. '지'도 마찬가지고요.

'우이채번'의 '우이'는 해석하지 않으셔도 좋지만, 세번째 구 '우이용지'의 '우이'는 '어디에'라는 뜻으로 해석을 해주어야 시의 맛이 살아납니다. 그래서 세번째 구는 '캔 쑥을 어디에 쓰는가'가 됩니다.

주자는 이 시를 제후 집안 사람들이 제후 부인이 정성을 다해 제사에 올릴 쑥을 캐는 것을 찬미한 것으로 보았습니다. 하지만 지금 우리는 쑥 캐는 아가씨들의 노래로 생각하시면 됩니다. 봄에 들판 이곳저곳에서 아가씨들이 쑥을 캐면서 이런 노래를 불렀겠지요. '공후지사'의 '공후'(公侯)는 이 당시 귀족 집안이고요. '사'(事)는 제사(祭事)를 말합니다. 번역하면 '공후 집안의 제사에 쓴다네'입니다. 우리 식으로 표현해 볼까요? '주인댁 제사에 쓴다네'라고 할 수 있겠네요. 이 노래를 부르는 여인들은 평민층인 거죠. 중국에서는 귀족 집안에 속한 노비들이 부르는 노래라고 풀기도 합니다.

1960~70년대 마오쩌둥 시절에는 이 시를 두고 '쑥을 캤으면 집에 가져가서 쑥떡을 해 먹거나, 가족끼리 먹어야지 왜 공후 집안의 제사에 바치냐?'고 비판적으로 읽었었죠. 그 시대 『시경』 해석에는 프롤레타리아 계급을 착취하는 내용이라고 보는 해석들이 많았어요. '쑥국, 쑥떡도 못 해먹고 다 지배계급에게 바쳐야 했다!' 이렇게요. 저는 '그래도 조금은 가져가서 쑥떡을 해먹지 않았을까?'라고 생각해요. 이런 마오 시대의 해석은 1980년대 등소평의 시장경제 정책 이후에는 줄어듭니다. 이렇게 작품 하나를 해석하는 데에도 시대적 맥락이 들어 있답니다.

② 于以采蘩 于澗之中 于以用之 公侯之宮

앞의 구는 똑같고요. '우간지중'의 '간'(澗)은 깊은 산에 졸졸 흐르는 시냇물을 가리켜요. 그래서 '산골 물 간(澗)'이라고도 하죠. 여기서는 '간(澗)'의 중(中)이니까 '산골짜기' 정도가 되겠네요. '흰 쑥을 뜯으니, 산골 시냇가에서라네' 이렇게 풀어 줄 수 있습니다.

그다음 마지막 구의 '공후지궁'의 '궁' 자는 지금 '왕궁', '궁궐' 등의 의미로 쓰이지만 『시경』이 나오고 맹자가 살았던 시기, 적어도 기원전 3세기까지는 '평민들의 집'을 가리키기도 했습니다. 그냥 집이었던 거지요. 주자는 A구절의 '사'(事)를 '제사'라 했기에 여기서의 '궁'(宮)도 '제사 지내는 공후 집안의 묘당(廟堂)'이나 사당으로 보았어요.

그런데 또 재미있는 해석이 있습니다. 지금은 돌아가신 저희 선생님께서 말씀해 주셨는데요. 누에가 뽕잎만 먹는 것이 아니라 이런 종류의 쑥도 먹었다는 거예요. 그러니 쑥을 뜯어다 공후 집안의 잠실(蠶室)에 있는 누에에게 주는 거라 하셨죠. 뽕잎이 부족할 때는 섞어 주기도 했답니다. 누에가 뽕잎을 엄청 많이 먹는다 하네요. 먹성이 대단하고 먹는 소리도 요란하대요. 참고해 주세요. 이런 해석도 있다고요. 대체로 '공후 집안의 제사에 쓴다네'라고 해석하시면 무난합니다. 그런데 다음 구절이 문제랍니다.

③ 被之僮僮 夙夜在公 被之祁祁 薄言還歸

'피지동동'(被之僮僮)의 '피'(被)는 '피해를 입거나 당하다'라는 뜻으로 쓰는 글자잖아요? 그런데 사전에서 이 글자를 찾아서 참을성 있게 끝까지 읽어 보시면, '머리꾸리개'라는 뜻이 있어요. 공후 집안을 위해 나물 뜯는 아가씨의 머리장식[首飾]인 거죠. 중국 영화를 보면 여인들이 머리에 뭐 많이 꽂고 있죠? 해석본에 '비녀'라고 한 곳도 있는데 비녀는 머리 한 곳을 쪽 쪄서 꽂는 거고요. 다른 해석본에는 '빗'이라고 되어 있습니다. 중국 여성들은 빗같이 생긴 머리핀을 꽂기도 하거든요. 사실 어느 것도 좋습니다.

'피지동동'의 '동'(僮)은 원래 '어린아이'란 뜻이지만 의태어가 되면서 작은 장식이 어딘가에 붙어 흔들리는 것을 의미해요. 구슬 같은 게 달려 있는 장식 핀 있잖아요. 시를 읽는 재미 중 하나는 어떤 사람의 행동을 표현할 때, 그 사람의 신체 일부나 장식을 가지고 이야기하는 거예요. 주자는 '동동은 신중한 모습'[僮僮, 竦敬也]이라고 했는데요. 그렇다면 우리는 이제 '어떻게 머리장식이 신중할까?'라는 생각을 하게 되죠? '머리 장식이 동동하다'라는 말은 머리장식을 한 그 사람의 행동이 차분하고 신중한 것을 말하는 거예요. 상당히 수준 있는 시적 표현인 거죠. 해석이 쉽지는 않습니다. 정말 주자 해석대로 '머리장식이 조심스럽다'라 하면 이상하니까요.

'숙야재공'의 '숙야'는 '새벽부터 밤까지'라는 뜻입니다. 아! 가슴 아프죠. 새벽부터 밤까지 '재공'(在公), 즉 공후 집에 있는 거잖아요. 집에 못 가고 계속 일하고 있네요.

'피지기기'(被之祁祁)의 '기'(祁)는 원래 '기도할 기(祁)'입니다. 그런데 '기' 두 글자가 합해지면 '느긋한 모습'을 의미합니다. 새벽부터 밤까지 일하는데, 우리 같으면 '아이고, 빨리 해치우고 가야지' 하겠죠? 그런데 이 아가씨는 마지막까지 조심스럽고 침착하게 일한다는 거예요. 주자는 이렇게 해석하셨지만, 읽는 우리는 마음이 아픕니다.

'박언선귀'(薄言還歸)의 '박'(薄)은 '잠깐'이 되고요, '언'(言)은 해석하지 않습니다. '선'(還)은 원래 음인 '환', 그대로 읽으면 '돌아가다, 돌아오다'라는 뜻이지만, '선'으로 읽으면 '제자리에서 돌다'라는 뜻이 돼요. 저는 '환'으로 읽고 싶지만 음주(音註)에 '선'으로 나와 있으니 그렇게 읽도록 합시다. 그래도 번역은 '환'처럼 할 거예요. 하루종일 일한 이 아가씨가 밤이 되니 잠깐 집에 돌아갑니다. 쉬어야죠. 그리고 새벽에 다시 일하러 나올 테지요. 주자는 '너무 정성을 다해 일해서 제사가 끝난 후에도 차마 발길이 떨어지지 않는다'라고 하는데, 그래서 '다시 돌아설 듯하다'의 '선'으로 읽은 거예요. 저는 슬펐어요. '아이고~ 자기 조상도 아닌데!' 이런 시를 읽으며 양반들은 이런 종이 있었으면, 하고 원했겠지요. 낮에는 나물 캐고, 밤 늦게까지 그 집안에서 뒷일 다 마무리하고. 우울하지만 어쩔 수가 없네요. 그때는 많은 사람들이 그렇게 살 수밖에 없었으니까요. 앞에서 잠깐 언급한 것처럼 쑥을 누에에게 준다고 하면, 이 여자가 잠실(蠶室)에서 일한다고 해석할 수도 있지요. 어쨌든, 일이 얼마나 많겠습니까? 우리는 지금 이런 식으로 해석하지만, 말씀드렸듯, 60~70년대의 중국에서는 노동자들의 고통을 고발한다는 차원에서 〈채번〉류의 작품을 높게 평가했답니다.

3. 초충草蟲

喓喓草蟲 趯趯阜螽
요 요 초 충 적 적 부 종

찌르르 우는 풀벌레,
펄쩍펄쩍 뛰는 메뚜기.

未見君子 憂心忡忡
미 견 군 자 우 심 충 충

그대를 볼 수 없으니,
근심하는 마음 뒤숭숭.

亦旣見止 亦旣覯止
역 기 견 지 역 기 구 지

그대를 볼 수 있다면,
그대를 만나게 된다면,

我心則降
아 심 즉 항

내 마음 가라앉을 텐데.

陟彼南山 言采其蕨
척 피 남 산 언 채 기 궐

저 남산에 올라서,
고사리를 캐노라.

未見君子 憂心惙惙
미 견 군 자 우 심 철 철

그대를 볼 수 없으니,
근심하는 마음 끝이 없어라.

亦旣見止 亦旣覯止
역 기 견 지 역 기 구 지

그대를 볼 수 있다면,
그대를 만나게 된다면,

我心則說
아 심 즉 열

내 마음 기쁠 텐데.

陟彼南山 言采其薇
척 피 남 산 언 채 기 미

저 남산에 올라서,
고사리를 캐노라.

未見君子 我心傷悲
미 견 군 자 아 심 상 비

그대를 볼 수 없으니,
내 마음 한없이 애달프네.

亦旣見止 亦旣覯止
역 기 견 지 역 기 구 지

그대를 볼 수 있다면,
그대를 만나게 된다면,

我心則夷
아 심 즉 이

내 마음 안정될 텐데.

이 시는 인용 빈도가 높은 작품입니다. 작중 화자의 감정 흐름을 따라가며 천천히 읽어 주십시오. 이 작품의 구조는 어떻게 보아야 할까요? 각 장의 뒷부분인 '미견 군자, ○심○○, 역기견지, 역기구지, 아심즉○' 부분은 거의 같다고 보아야죠. 그런데 앞부분은 첫 장에서는 풀벌레, 메뚜기가 등장하고, 다음 장부터는 여자가 남산으로 올라가네요. 옛날 여인들은 남산에 자주 올라갑니다. 답답한 거예요. 높은 곳에 올라가서, 남편이 있는 곳, 애인이 있는 곳, 아들이 있는 곳을 바라보죠. 나물 캐다가도 산에 올라가서 먼 곳을 바라봅니다. 이 작품을 이런 여인의 행동 패턴에 주목해서 본다면 A-B-B'고요, 후렴구에 주목해서 본다면 A-A'-A″입니다. 그런데 전자처럼 보는 경우가 많아요. 후렴구의 구절이 먼저 있지만, 앞에 와서 붙은 구절들에 주목하는 거지요. 새로운 의미를 만들어 냈다고요. 형식으로요. 반복되는 후렴구를 '공식구'라고도 합니다. 뒤에 나오는 구절들을 중심으로 보셔도 좋습니다. 군자는 남편으로 설정되어 있는데요, 애인이라 해도 괜찮습니다.

① 喓喓草蟲 趯趯阜螽

  未見君子 憂心忡忡 亦旣見止 亦旣覯止

  我心則降

'요요초충'(喓喓草蟲)의 '요요'(喓喓)는 『시경』에 나와 아주 유명해진 단어예요. 벌레 우는 소리지요. '초충'은 풀벌레인데, 어느 번역본에는 '메뚜기'라고도 되어 있습니다. 벌레 소리를 어떻게 해석해야 할까요? 번역본들을 보면 저마다 다 다릅니다. '찌르륵', '스르륵', '찌르찌르' 등등. 그래서 그냥 '요요히'라고 해버리기도 해요. 『시경』의 묘미는 역시 의성어, 의태어를 맛깔나게 푸는 겁니다.

  '적적부종'(趯趯阜螽)의 '적'(趯)은 '뛰다'라는 뜻이에요. '부종'(阜螽)은, 앞의 「주남」〈종사〉에 나왔던 알을 99개 낳는다는 '종사'(螽斯)와 같은 메뚜기의 일종입니다. '부'와 '종' 모두 메뚜기를 뜻하고요. '부종'이라고 하면 메뚜기를 가리키는 가장 포괄적인 말이 됩니다.

자, 정리해 볼까요. 풀벌레 울고 메뚜기 펄쩍펄쩍 뛰기 시작하는 봄이 왔네요.『시경』에는 이렇게 계절마다 벌레 울음소리에 예민하게 반응하는 화자가 많이 나와요. 이들은 다 사랑하는 사람과 이별 중인 외로운 여인들이죠. 외롭지 않을 때는 벌레 소리도 안 들려요.

그다음 '미견군자'(未見君子)는 '그대를 볼 수 없으니'라는 뜻이고, '우심충충'(憂心忡忡)에서 '충'(忡)은 '근심하다'입니다. 글자 두 개가 겹쳐져서 '충충'이 되면 걱정, 근심으로 속이 타는 겁니다. '마음이 뒤숭숭'이라고도 번역할 수 있겠죠. 젊을 때 연애하게 되면 이런 경험들 많이 하시죠. 하루이틀만 볼 수 없어도 마음이 영 그렇지요. '역기견지'(亦既見止)에서 '역'과 '지'는 해석하지 않으셔도 됩니다. 첫 글자와 마지막 글자가 허사로 쓰였거든요. 이 두 글자를 빼면 '기견' 즉, '이미 만났다'가 되니, '볼 수 있다면'이라고 번역됩니다.

이렇게 '역기견지'(亦既見止)라고 썼는데, '볼 구(覯)' 자를 써서 '역기구지'(亦既覯止)라고 한 번 더 반복한 것이 이 시의 포인트예요. '본다'라는 뜻의 말을 왜 두 번이나 썼을까요? 시적으로 보면 앞의 '견'은 저 멀리서 나타난 거고요. 뒤의

'구'는 자기 앞으로 다가오는 거예요. 가까이 와서 손이라도 잡는 겁니다. 나중에는 이 글자에 '결합하다, 혼인하다'라는 뜻도 생기죠.

'아심즉항'(我心則降)에서 '아심'(我心)은 '내 마음'이고요, '즉'은 '이에 내(乃)'처럼 '바로'라는 말이 됩니다. '항'(降)은 '가라앉는 것'이에요. 내 마음이 바로 가라앉는대요.

아까 그대를 보지 못할 때 내 마음이 한없이 우울하다고 했잖아요. 그런데 그대를 보자마자 그 마음이 진정되네요. 이 시는 상당히 잘 쓴 시예요. 마음의 움직임이 그대로 전달되거든요. 그런 경험이 있든 없든 누구에게나요. 소박하면서도 진실한 그 마음이 참 좋죠? 유향(劉向, BC 79~BC 8)의 『열녀전』(列女傳)에 부부가 헤어진 이야기들을 보시면 이런 시들이 인용되어 있어요. 다만, 군자가 남편이라는 것이 좀 그렇죠?

② 陟彼南山 言采其蕨
　未見君子 憂心惙惙 亦既見止 亦既覯止
　我心則說

'척피남산'(陟彼南山). 자, 이제 이 여인이 남산에 올랐어요!

답답하고 괴로워서 못살겠거든요. '척'은 '오를 척' 자고요. '언채기궐'(言采其蕨)의 '언'(言)은 해석하지 않습니다. '궐'(蕨)은 '미'(薇)랑 구분하셔야 하는데, '궐'은 고사리고, '미'는 고비예요. 고사리와 고비를 어떻게 구분하나요? 우리는 주로 고사리를 먹지요. 제가 한번은 고사리를 사왔는데, 어머니 심금례 여사께서 그 나이에 고사리와 고비도 구별 못한다고 혀를 차셨답니다. 중국산 고비를 사왔다고…. 그러고 보니 고사리와는 색깔과 생김이 다르더군요. 요새 시장에서는 고비를 찾기 어렵죠. 지금 '그러면 백이 숙제가 수양산에서 캔 것은 고비?'라고 묻고 싶은 분들이 계실 거예요. 백이와 숙제가 불렀다는 노래가 「채미가」이니까요. 하지만 이제 와서 「채미가」를 '고비를 캐는 노래'라고 하면 더 이상하겠지요. 「채미가」는 그대로 '고사리를 캐면서 부른 노래'로 남겨 둡시다. 아무튼 이렇게 여인들은 항상 무언가를 캐네요.

그다음 후렴구에서는 1장과 다른 구절들을 볼게요. 우선 '우심철철'(憂心惙惙)에서 '철철'(惙惙)이란 단어는 읽는 순간 벌써 슬픔이 '철철' 넘쳐나죠? '철'은 '근심하다'라는 뜻이에요. 마지막 구절 '아심즉열'에서 '열'(說)은 '기쁘다'인데, 1장 마지막 구에서 '(마음이) 가라앉는다'[降]고 했던 것이 여기서는 '열'로 바뀌어 있어요. '기쁠 텐데'라고 하는 거죠. 『시경』에서는 이러한 점층법이 많이 사용됩니다.

③ 陟彼南山 言采其薇

　未見君子 我心傷悲 亦旣見止 亦旣覯止

　我心則夷

여러분, 이 시의 기법은 뭘까요? 바로 '부'(賦)입니다. '사실 그대로를 읊은 것'이지요. 그리움과 걱정에 지쳐 산에 올라가고, 높은 곳에서 그리운 사람이 있는 곳을 하염없이 바라보던 여인의 노래입니다. 망부석 설화도 생각나시죠? 여자들은 답답하면 대개 높은 곳에 올라가고요, 남자들은 술을 마시는 듯하네요. 풀어내는 방식이 다른 거 같아요.

　　주자는 '고사리 미'(薇)를 '별'(鼈)이라고도 했어요. '자라'라는 뜻인데, '자라 별' 자에 '고사리'란 뜻도 있답니다. 왜 그럴까요? 고사리가 처음 생겨날 때 자라의 다리와 그 모양이 비슷하기 때문에 이러한 이름이 붙었다고 하네요. 화창한 봄날 산에 올라 고사리를 캐는 여인이 보이시나요? 사실 그리움으로 오른 산에 고사리가 보여요. 그거는 캐야죠. 생활형 그리움!

　　'그리움'과 '생활'이 분리되지 않는 것이 『시경』의 특징이죠.『초사』는 분리되어 있어요. 오로지 자기 감정에 충실하거든요. 감정 과잉은 죽음에 대한 판타지까지 불러일으켜요. 살아서 만나자는 얘기도 별로 안 합니다. 다 죽어서 만나자고 해요. 굴원도 자살했잖아요. 이와 달리『시경』은 '살아서' 원망하고, 애달파하고, 그리워도 합니다. 그러다가 고사리를 보면 '어 고사리네!' 하면서 바로 따기도 하는 거죠^^. 저녁 반찬거리니까요. 저는 이런 생활밀착형 정서를 그린 작품들을 좋아합니다. 신선이나 선녀들이 등장해서 구름 타고 다니며 퉁소 부는 작품, 흠 영 몰입이 안 되더라고요.

그럼, 3장의 후렴구를 볼까요. '아심상비'(我心傷悲)의 '상비'(傷悲)는 내 마음이 상처 입고 슬픈 것을 말해요. 앞 구절에서는 근심스러운 마음에 가슴이 뒤숭숭하고, 걱정되는 마음이 끝이 없다고 했죠? '상'이란 글자의 의미는 공자가 〈관저〉를 평한 '애이불상'(哀而不傷)을 기억해 보시면 알 수 있어요. 이 여자의 슬픈 감정이 균형을 잡기 어려운 것을 말합니다. '애이상'(哀而傷)이니 몹시 슬픈 거예요.

그래서 마지막에 '이'(夷) 자를 쓴 겁니다. '이'(夷)는 '평'(平), 그러니까 안정되었다는 말입니다. '평탄하다'는 뜻이기도 하고요. 사실 이 글자는 우리가 흔히 아는 '오랑캐'라는 뜻으로는 많이 쓰이지 않습니다. 구덩이가 파인 곳을 평평하게 메울 때 쓰는 글자이기도 한데, 여기서는 이 여자의 그리움과 슬픔이 마음의 구덩이가 되겠죠. 이게 평평해지고, 메워진다고 표현했어요. 그리움의 깊이가 실감나죠.

그런데 우리 시대에는 이런 감정을 경험하지 못하고 이 세상을 살아가는 사람도 많아요. 본능적으로 이별의 고통을 피하려 하니까요. 그렇지 않나요? 이런 경험 없이 밋밋하게 사신 분들은 이 작품, 열 번 이상 읽어 주세요. 마음의 진동을 느끼실 겁니다. 『시경』 속 작중 화자는 대부분 여자들이지요. 그래서 동양문학을 여성주의적 시각으로 볼 때 읽어야 할 첫번째 텍스트가 『시경』인 거예요. 그야말로 희로애락의 감정에 충실하면서 현실에 두 발로 굳건히 서 있는 강한 '여성'들이 대거 등장하니까요.

4. 채빈采蘋

于以采蘋 南澗之濱
우 이 채 빈 남 간 지 빈

마름을 뜯기를
남쪽 산골 시냇가에서 하노라.

于以采藻 于彼行潦
우 이 채 조 우 피 행 료

마름을 뜯기를
저 흐르는 물에서 하노라.

于以盛之 維筐及筥
우 이 성 지 유 광 급 거

그것을 담기를
네모지거나 둥근 바구니에 하네.

于以湘之 維錡及釜
우 이 상 지 유 기 급 부

그것을 삶기를
세발솥과 가마솥에다 하네.

于以奠之 宗室牖下
우 이 전 지 종 실 유 하

그것을 제사 음식으로 올리는데,
종실의 들창 아래로다.

誰其尸之 有齊季女
수 기 시 지 유 재 계 녀

누가 그것을 주관하는가,
공경하는 어린 여인이라.

자, 〈채빈〉에서도 여인이 또 무언가를 캡니다 [采]. 이 작품은 조금 전에 본 〈채번〉(采蘩)과 연결해서 보면 좋아요. 〈채번〉에서는 쑥을 캐서 공후의 집에 가져가고 그 집의 제사 준비를 한다고 했잖아요. 이 시 역시 그렇습니다. 〈채빈〉의 '빈'(蘋)은 사전을 찾아보면 '마름'이라 나와요. 〈관저〉에서는 '행채'를 마름나물로 풀었지요. 마름은 일년생 수생식물로 줄기도 먹지만 열매를 쪄서 먹거나 약재로 사용합니다. 지금이야 마름을 먹는 경우가 드물지만 고대에는 지금 우리와 먹는 것들이 달랐겠죠.『시경』은 내륙지방에서 나온 노래이기 때문에, 강가, 연못 등에서 채취하는 식용 열매, 나물 종류가 많아요.

① 于以采蘋 南澗之濱 于以采藻 于彼行潦

'우이채빈'(于以采蘋)에서 '우이'는 해석하지 않지요. '빈'(蘋)은 '부평초', '개구리밥'이라고도 하고 그냥 '물풀'이라고도 해요. 물에 떠 있는 잎인 거죠. 여기서는 앞에서 말한 대로 '마름'이라고 하겠습니다. '빈'(濱)은 물가입니다. '마름을 캐기를 남쪽 산골 시냇가[南澗之濱]에서 하노라'라는 뜻이죠. '우이채조'(于以采藻)의 '조'(藻)도 마름이에요. '빈'은 '조'보다 잎이 작다는데요. 식물도감을 봐도 저 같은 사람한테는 다 비슷하게 보인답니다. 마름을 캐기를 '우피행료'(于彼行潦), 즉 저 행료에서 한답니다. '료'(潦)는 원래 고여 있는 물을 가리키는데요. '행료'라 하니 흐르는 물이 됩니다.

② 于以盛之 維筐及筥 于以湘之 維錡及釜

'우이성지'(于以盛之)의 '성'(盛)은 '성대하다'로도 쓰이지만 원래 '그릇에 수북이 담다'라는 뜻이에요. 제사를 지낼 때 보면, 수북이 담죠? '유광급거'(維筐及筥)의 '유'(維)는 해석하지 않습니다. '광'(筐)과 '거'(筥), 이 두 글자는 바구니의 생김새에 따라 글자가 만들어진 겁니다. 네모난 광주리가 '광'인데 부수인 대 죽(竹)을 제외한 밑에 있는 글자 '광'(匡)은 그 자체가 '네모나다'라는 뜻입니다. 네모 위에 대[竹]가 붙어 있으니 뭐겠어요? 네모난 대광주리, 바구니지요. '거'(筥)는 동그란 광주리고요. 사이의 '급'(及)은 영어로 'and'의 뜻입니다. 그렇다고 '그것을 담기를 네모난 광주리에 하고 둥근 광주리에 한다'라고 하면 재미가 없어요. '그것을 담기를 네모지거나 둥근 이런저런 바구니에 하네'라고 하면 좋겠죠. '소쿠리'라고 푸셔도 좋은데, 요새는 '소쿠리'라는 단어를 거의 쓰지 않네요. 대나무로 짱짱하게 짠 '소쿠리'를 본 지도 오래되었네요. 그다음 '우이상지'(于以湘之)의 '상'(湘)을 봐주세요. 이 글자는 '삶는다'라는 뜻으로 '팽'(烹)과 통하지요. 나물을 캐고, 바구니에 담아 옮겼으니 이젠 삶아야 해요!

'유기급부'(維錡及釜)는 '그것을 삶기를 기(錡)와 부(釜)에 한다'는 말인데요, 둘 다 '쇠 금(金)' 변이 붙어 있죠? 금속제품이란 소리네요. 이 시를 기원전 1000년경 작품이라 본다면 '청동기나 철기 제품을 생활용품으로까지 썼나?'라는 생각이 들죠. 그런데 '부'에다가 밥을 해 먹는 이야기는 『맹자』에도 나옵니다. 쇠솥에다 밥을 해 먹었던 것이지요. 그전에는 옹기에 쪘어요. 청동기나 철기는 신전에 바치는 장식용 그릇이었다가, 무기가 되었다가, 농기구가 되었다가, 생활용품이 되었죠. '기'(錡)는 다리가 달린 세발 솥이고 '부'(釜)는 다리가 없는 솥이에요. 그러고 보니 '부산'(釜山)에도 '부' 자가 들어가네요. 부산은 철이 났던 곳입니다. 가야 문명권이잖아요. 아무튼 이 구절 역시 '이런저런 솥에 삶는다'네요. 이렇게 『시경』의 작품을 통해서 예전의 일상생활과 작업과정을 다 볼 수 있지요. '빈'과 '조'를 캐서, 그것을 바구니에 담아 와서는, 솥에 삶는 일련의 과정이 잘 드러나 있죠.

조금 오래된 책이긴 한데 윤내현 선생이 저술하신 『상

주사』(商周史)라는 책이 있어요. 은나라는 상나라라고 불리기도 하는데요. 상나라와 주나라의 역사를 쓴 책인데, 제가 이 책을 읽고서 놀랐던 기억이 있어요. 제가 읽고 있었던 『시경』, 『서경』이 역사학의 자료로 등장하거든요. 『시경』, 『서경』과 같은 고문헌이 기원전 1500년, 1000년의 문명화 과정과 생활 문화를 설명하는 중요한 자료인 겁니다. '부'나 '기'의 생김새도 다 실어 두었더라고요. 1960~70년대에 주로 미국에서 활동한 중국 학자로 장광직(張光直)이란 분이 있는데, 이분도 『중국 청동기 시대』라는 책에서 중국 문화사, 문명사를 다루면서 『시경』·『서경』을 역사 텍스트로 읽습니다. 최근에 한국에도 번역이 된 카렌 암스트롱(Karen Armstrong)의 『축의 시대』에서도 마찬가지입니다. 우리는 지금 『시경』을 시로 읽고 있지만, 여기에 나오는 농기구, 곡식, 식생 등이 모두 중요한 사료(史料)이기도 하답니다. 『시경』에 등장하는 모든 기물, 동식물이 문화사, 자연사의 자료라니! 역시 『시경』은 필독서군요.

③ 于以奠之 宗室牖下 誰其尸之 有齊季女

'우이전지'(于以奠之)의 '전'(奠)은 '올리다'라는 뜻인데 제사상에 제수를 올리거나 제사를 드릴 때 쓰는 글자예요. 우리가 늘 먹는 음식을 식탁에 올릴 때는 이 글자를 쓰지 않습니다. '종실유하'(宗室牖下)의 '종실'(宗室)은 현대어로 '종갓집'입니다. 왕가도 '종실'이라 했죠. '대종'(大宗)과 '소종'(小宗)이라는 말도 있는데, 대종이 종갓집, 소종은 방계를 말합니다.

'종실유하'의 '유'(牖)는 '들창'이에요. 밖으로 열 수 있게 된 창이지요. 옛날 집들은 밖으로 여는 들창을 서남쪽에 뚫어 놓았어요. 들창 아래란 의미는 방의 서남쪽 모퉁이로 제사상을 차리는 곳입니다. '하'(下)는 음식을 '내려놓는다', '차린다'는 의미이지요.

'수기시지'(誰其尸之)의 '시'(尸) 자를 봐주세요. '시체 시' 자인데, 글을 읽다 보면 이 글자가 '시체'로 쓰이는 경우는 1년에 한두 번이나 나올까요? 대신 '주관하다'라는 뜻으로 많이 쓰입니다. 특히 제사를 주관할 때 쓰지요. '시동'(尸童)이라는 용어가 생각나신 분들도 계실 겁니다. 요즘 제사에는 종이에다 지방(紙榜)을 쓰거나 사진을 놓고 하지만, 예전에는 예닐곱 살 된 손자를 앉혔습니다. 이 아이가 '제사를 주관하는 아이', 바로 '시동'(尸童)입니다. 제사의 주인공인 어린 아이로 조상신과 후손들을 연계하는 매개자이지요.

'유재계녀'(有齊季女)의 '齊'는 '재'로 읽고 계녀의 행동을 꾸미는 말로 봅니다. '계녀'는 어린 여자, 혹은 막내딸이란 뜻인데 제사 음식 올리는 것을 주관하는 '주부'이겠지요. '齊'를 '재'로 읽는 것은 '목욕재계'라고 할 때 쓰는 것처럼 '재'(齋)와 같은 글자로 보는 것인데, '공경스럽다'라는 '경'(敬)의 의미도 있지요. 『대학』의 주제인 '수신제가치국평천하'(修身齊家治國平天下)에서 '齊家'는 '제가'로 읽지요. 집안을 화목하게 한다는 뜻이고요. 이렇게 '齊'에는 '제'와 '재', 두 음이 있고 해석도 달라진답니다. 그런데 여기에 나오는 여인은 제사를 주관하는 주부라고 했으니, 앞에서 나물을 캔 여인과 같은 여인인가는 고민을 좀 해봐야겠죠. 아무래도 종실에 제수 음식을 준비하는 여자와 제사를 주관하는 여자는 다를 가능성이 크겠지요? '齊'에 대한 다른 해석도 있는데요. 이 글자를 '나라 이름'으로 보는 겁니다. 그러면 '제나라에서 시집온 여인'이 제사를 주관하는 것이 됩니다.

이렇게 〈채빈〉을 다 읽었는데요. 마지막으로 제사 이야기를 좀 하고 끝내도록 하죠. 지금은 연락이 뜸하지만 음식사를 전공하는 친구가 있는데, 이런 것들을 다 연구하면서 『시경』에 나오는 식재료에 대해 자주 묻더군요. 어느 시대에는 어느 지역에서 마름을 먹었다거나, 어느 시대에는 제사상에 무엇을 올렸다거나 하는 것들을요. 제사음식도 계속 변해 왔으니까요. 지금 우리 제사상의 기본은『주자가례』(朱子家禮)에 따른 거예요. 우리나라에서는 16세기부터 쓰였죠. 퇴계 선생의 편지를 보면 '초상도 제사도 다 주자 스타일로 지내라'라는 취지의 말씀을 하셨고요. 그런데 남송시대의 주자가 양자강 하류 복건성 출신이었던 만큼, 퇴계 선생 제자들은『주자가례』의 제사 음식에 대해 '이 음식이 무엇이냐, 저 음식이 무엇이냐' 많이 묻지요. 물산이 다른 만큼 생소한 음식들이 나오니까요. 그 재료들을 구할 수 없으니 대체할 것으로 무엇이 좋겠냐는 편지가 오고 갑니다. 이렇게 지역이 달라 대체하는 과정에서 집집마다 올리는 것이 달라진 겁니다. 그래서 옛날 선생님들 중에는『주자가례』를 '가가례'(家家禮)라고 하시기도 했어요. '집집마다 다른 예'라는 뜻이지요. 선생님은 안동 분이셨는데요. 안동만 해도 안동 권씨(安東 權氏), 안동 김씨(安東 金氏), 문화 류씨(文化 柳氏)가 제사 음식이 전부 달라요. 제가 전해 듣기로는 고기를 삶지 않고 올리는 집안도 있다고 하더라고요. 생닭을 올린다는 이야기도 있던데, 이러면 그 집안 여성들은 제사 지낸 다음이 엄청 바쁘겠죠. 바로 삶아서 음식상을 차려야 하니까요.

　그래서 한학자 분들 중에는 생전에 제사 음식과 상 차리는 법, 제사 차례를 그림으로 그리고 적어 놓으신 분들도 계시답니다. 그것을 펼쳐 놓고 음식을 가져다 놓으라고요. 한 집안에서도 상차림으로 자꾸 이런저런 말이 나오니까 이런 방법을 쓰신 거겠죠. 제 친정도, 아버지께서 제사 지냈던 방식은 오래전에 할아버지께 전수 받은 것이에요. 하지만 제 동생은 개의치 않고 인터넷에서 제사 방식을 검색해 출력하여 그대로 하더군요. '유세차~'라고 시작하는 축문 읽는 것도 없애고요. 작은아버지들은 어떻게 반응하실까? 유심히 보니 가만히 계시더군요. 저도 가만히 있었지요.

재미있는 이야기가 또 있는데요, 납작한 접시에 식혜 밥알만 올리는 집도 있더라고요. 좀 이상하지 않나요? 어떤 집은 다시마를 가늘게 채 썰어서 식혜 위에 데코레이션 하기도 합니다. 저는 어릴 때 '이런 것들을 왜 하는 거예요?'라고 묻곤 했어요. 할머니께서는 조상님들이 왔다 가실 때 제사 음식을 묶어서 가져가시는데 다시마를 끈으로 쓰기 때문에 가능한 한 다시마를 길게 썰어서 올려야 한다고 하시더군요. 재미있죠? 그리고 양자강 일대에서는 흰개미알 요리가 진미라고 합니다. 그래서 『주자가례』에 흰개미알을 제사상에 올리도록 한 거지요. 하지만 우리나라에서는 어떻게 했겠어요? '흰개미알'이 흰색이니까 식혜 밥알로 대신했지요. 제사 음식이 나온 김에 이런저런 이야기를 해보았네요.

5. 감당甘棠

蔽芾甘棠 勿翦勿伐
폐 패 감 당 물 전 물 벌

召伯所茇
소 백 소 발

무성한 팥배나무,
자르지 말고 베지도 말라.
소백께서 머물렀던 곳이다.

蔽芾甘棠 勿翦勿敗
폐 패 감 당 물 전 물 패

召伯所憩
소 백 소 게

무성한 팥배나무,
자르지 말고 꺾지도 말라.
소백께서 쉬시던 곳이다.

蔽芾甘棠 勿翦勿拜
폐 패 감 당 물 전 물 배

召伯所說
소 백 소 세

무성한 팥배나무,
자르지 말고 당기지도 말라.
소백께서 머물렀던 곳이다.

이 시는 한 장이 3구로 이루어졌네요! 보통 4구인데, 특이하죠? 저는 원래 4구였는데 한 구씩이 빠졌다고 봅니다. 아마도 세번째 구절이 빠진 것 같아요. 저의 선생님들께서는 '있는 그대로 읽어라'라고 하셨습니다. 이 시도 인용 빈도가 높답니다. 먼저, 제목이 〈감당〉(甘棠)이죠? '감'(甘)은 '달다'라는 뜻이 있지만 여기서는 '감당'을 한 단어로 보셔야 합니다. '감당'은 나무 이름이에요. 보통 감당나무라고 합니다. 하지만 감당나무가 궁금해서 검색해 보면 팥배나무로 나오는데, 팥알만 한 열매가 생겨서 '팥배나무'라고 합니다. 주자는 '두리'(杜梨)라고 하고 흰 것을 '당'(棠), 붉은 것을 '두'(杜)라고 했습니다. '아가위나무', '이팝나무'로 번역하기도 하는데, 어떤 나무가 되었든 이 나무는 군주, 제후의 상징이거든요. 그러니 나무 사이즈가 작으면 안 되지요. 크고 무성해서 백성들을 다 덮어 준다는 이미지가 있어야 해요. 동양 문화권에서 아주 오래된 이미지거든요. 이 시도 〈관저〉만큼 유명합니다. 하나하나 볼게요.

① 蔽芾甘棠 勿翦勿伐 召伯所茇

'폐패감당'(蔽芾甘棠)에서 '폐'(蔽)는 '가리다'이고, '패'(芾)는

'풀이 우거지다'라는 뜻인데요. '폐패'는 한 단어로 '무성하다'는 의미예요. 이 그늘에서 백성들은 보호받습니다. '폐패 감당'은 마치 사자성어처럼 쓰여요.

'물전물벌'(勿翦勿伐)을 '자르지 말고 베지도 말라'라고 번역을 했는데, '전'(翦)과 '벌'(伐)의 차이를 살펴봐야겠죠. 가지를 자르는 것이 '전'(翦)이고, 나무 줄기를 베어 내는 것이 '벌'(伐)입니다. 잔가지도 치지 말고 밑동도 쳐 내지 말라는 말이지요. '전'(翦)은 머리카락이나 심지를 자르는 데에도 쓰는 글자인데요. 『전등신화』(翦燈新話)라는 작품이 있어요. 제목을 그대로 풀면 '등잔을 자른다'라는 뜻인데, 옛날의 등잔불은 심지를 돋우면서 써야 했잖아요. 그런데 심지 윗부분이 타면서 그을음이 생기니까 잘라 주어야 했는데, 그것이 바로 '전등'(翦燈)이에요. 그러니까 『전등신화』는 심지를 잘라 가며 읽을 정도로 재미있는 이야기책이란 의미죠. 김시습의 『금오신화』가 『전등신화』의 영향을 받았다는 말도 있어요. 이렇게 '전등'이란 말이 나오면 책이 너무 재미있어서 날밤 새워서 읽었다는 말이 됩니다.

'소백소발'(召伯所茇)에서 '소백'(召伯)은 「소남」(召南) 편 시작할 때 설명한 『사기』 「연소공세가」의 소공(召公) 석(奭)으로 보셔도 되고 그냥 '소'(召) 땅에 봉해진 제후로 보셔도 됩니다. '발'(茇)은 임시로 머무는 곳을 말하는데요, '초막'[草舍]이라는 뜻입니다. 요즘 의미로는 텐트인 거죠. 팥배나무 밑에서 잠시 머무르셨던 모양입니다.

　　그런데 시에서 소백은 '지금 여기'에 없는 이전 인물이지요? 작중 화자가 장소를 통해 그를 기억하고, 그곳의 팥배나무를 기념물로 삼은 것이지요. 그래서 '감당지애'(甘棠之愛)라는 말이 생겼답니다. '감당의 사랑'이란 말인데, 위대한 지도자가 백성들의 생활을 관찰하기 위해 직접 순행(巡行)하는 것을 지칭합니다. '감당유애'(甘棠遺愛)도 같은 말이죠. '선정을 베풀어 준 관리를 그리워한다'는 뜻인데 '감당'에 그들의 백성을 사랑하는 마음이 남아 있다니, 특정 사물을 통해 그것을 기억하는 겁니다.

② 蔽芾甘棠 勿翦勿敗 召伯所憩

1장과 거의 같고 두번째와 세번째 구의 마지막 글자만 바뀌었군요. '물전물패'(勿翦勿敗)의 '패'(敗)는 '꺾다'[折]라는 뜻으로 쓰였고요. '소백소게'(召伯所憩)의 '게'(憩)는 '쉬다'라는 뜻으로 '휴게실'의 '게' 자와 같지요? 큰 나무 밑에는 평평한 바위나 정자가 있기 마련이고, 이전에 '누가 앉아 있었던 곳이다'라는 전설이 있기도 하죠. 일정한 지역에서 전해지는 특별한 기억의 장소라고 할 수 있을 텐데, 결국 '만들어지는' 거겠지요. 호모 사피엔스는 이렇게 장소와 기억을 결합시키는 방식으로 고유한 문화를 만들어 왔으니까요.

③ 蔽芾甘棠 勿翦勿拜 召伯所說

A-A′-A″군요. '물전물배'(勿翦勿拜)의 '배'(拜)를 볼까요. '절하다'라는 뜻인데 우리가 절할 때 보통 몸을 기울이잖아요. 여기서의 '배'는 몸을 기울여 나뭇가지를 당기는 겁니다. 굽힌다는 '굴'(屈)로 주석이 붙어 있군요. 그다음 '소백소세'(召伯所說)의 '세'(說)를 볼게요. 이 글자가 나오면 고민하셔야 합니다. '말하다'일 때는 '설', '기뻐하다'의 의미일 때는 '열', '유세하다'일 때는 '세'이니까요. '세'는 사실 '유혹하다, 달래다'와 같은 의미예요. 하지만 여기서 쓰인 '세'는 다릅니다. '세'로 읽지만 '머무르다'[舍]라는 뜻이거든요. 잠시 머물다 가신 거지요.

　감당나무가 했던 이 역할을 우리나라에서는 소나무가 합니다. 소나무가 벼슬을 받기도 하죠. 충북 보은에 있는 '정이품송' 이야기 다들 아시죠? 세조가 속리산 법주사에 갈 때에 가마가 걸리지 않게 소나무가 스스로 가지를 들어올렸다고 하잖아요. 그래서 장관급에 해당하는 고위직을 내렸고요. 벼슬을 내렸다는 것은 소나무 앞으로 땅을 준 거예요. 이 부분이 중요한데요. 땅이 있어야 사람들이 그 기념물을 관리하고 거기에 제사도 지내면서 기억을 공유하죠.

이렇게 특정 나무에 임금의 정치력, 은택 같은 기억이 덧붙는 것은 '선정'을 염원하는 뜻도 있습니다. 사실 왕이 한 번 지나간다는 건 그 지방에 엄청난 민폐입니다. 그러니까 이러한 장치들로 좋은 이미지를 만드는 겁니다. 민폐를 끼쳤지만 그래도 그때 그분이 이곳에 오셨었지, 하는 식으로요. 비슷한 이유로 왕들이 지방 순행을 가면 그 지역에 대한 세금 감면, 재판 기록을 보고 사면하기, 이 두 가지는 꼭 합니다. 그래야 '감당'의 기쁨이 울려 퍼지죠. 아니면 길 닦고 이런저런 준비했던 원망만 자자하거든요. 우리가 읽은 짧은 이 시가 의미하는 자장(磁場)이 상당하죠. 지금도 마찬가지죠. 정치인들이 지방에 가면 다리, 고속도로, 공항 등 엄청난 개발 계획을 발표하지요. 이런 약속이 없으면 '왜 왔냐?'고 하는 분들도 계시구요. 이런 점까지 생각하시면서 이 시를 읽으시면 더 좋습니다.

6. 행로行露

厭浥行露 豈不夙夜
엽 읍 행 로 기 불 숙 야

축축이 이슬에 젖은 길, 어찌 새벽이나
밤에 다니고 싶지 않겠어요.

謂行多露
위 행 다 로

(하지만) 길에 이슬이 많답니다.

誰謂雀無角
수 위 작 무 각

누군가는 말하지요.
참새가 뿔이 없었다면,

何以穿我屋
하 이 천 아 옥

어떻게 나의 집 지붕을 뚫었겠는가,
라고.

誰謂女無家
수 위 녀 무 가

누군가는 말하지요.
네가 결혼 약속을 하지 않았다면,

何以速我獄
하 이 숙 아 옥

어떻게 재판에 나왔겠냐고.

雖速我獄 室家不足
수 숙 아 옥 실 가 부 죽

비록 나를 재판에 오게 했지만,
너와 가정을 이루기에는 부족하다네.

誰謂鼠無牙
수 위 서 무 아

누군가는 말하지요.
쥐가 어금니가 없다면,

何以穿我墉
하 이 천 아 용

어떻게 나의 집 담벼락을 뚫었겠는가,
라고.

誰謂女無家
수 위 녀 무 가

何以速我訟
하 이 속 아 송

雖速我訟 亦不女從
수 속 아 송 역 불 녀 종

누군가는 말하지요.
네가 결혼 약속을 하지 않았다면
어떻게 재판에 나왔겠냐고.

비록 나를 재판에 오게 했지만,
또한 너를 따르지는 않으리라.

제가 처음 이 〈행로〉를 읽고 참 이상한 작품이라고 생각했어요. 작품 속 상황도 이상하고 해석도 제대로 이해할 수 없었답니다. 이런저런 이유로 이 시는 사전 설명이 필요한 작품입니다. 작품의 길이도 뒤죽박죽이죠. 1장은 3구로 짧고, 2장과 3장은 6구로 배가 됩니다. 1장과 차이가 많이 나지요? 그래서 이 시를 하나의 작품으로 연주를 한다면 어떻게 하는 걸까 궁금합니다. '앞에 A 부분을 두 번 부르나?'라는 생각도 했었는데, 시가 이렇게 남아 있을 뿐이니 해결은 영 안 됩니다. 구조는 확실하게 A-B-B′입니다.

이 작품에는 특정 상황이 설정되어 있어요. 그 '상황'에 관한 이야기는 한나라 문제(재위 : BC 180~157) 때 박사였던 한영(韓嬰)이 지은 『한시외전』(韓詩外傳)에 나옵니다. 결혼 사기에 연루된 어떤 평민 여자의 이야기인데요. 혼담이 오가고 시집을 가기로 했는데, 남자 쪽에서 혼인 절차를 제대로 밟지 않고 그냥 데려가려 한 거죠. 그 상황에서 이 여자가 '나는 그렇게 못 간다'고 버티고, 남자는 '결혼 약속하고 왜 안 오는 거냐'며 소송을 걸었고요. 그래서 '행로지송'(行露之訟)이란 말이 생긴 거지요. 여자는 일단 투옥됩니다. 그 재판 과정에서 당시 군자들이 그녀의 처신이 마땅했다고 하여 나온 작품이 이 노래라고 하네요. 본격적인 소송 이야기는 B부분부터 나옵니다. 그런데 이런 일이 벌어지면 주변에서 사람들이 얼마나 떠들겠어요? '아니 땐 굴뚝에 연기 나겠냐'거나, '네가 뭔가 약속을 했으니까 이 남자가 이러겠지. 왜 재판까지 갔겠니?' 등등, 이런저런 소문이 자자하겠지요. 이 시에는 그런 상황이 나옵니다. 그래서 B파트 내용을 미루어 A의 '행로'를 해석합니다.

시의 제목 〈행로〉(行露)는 길을 가는데 이슬이 많다는 뜻이에요. 이슬은 언제 많이 맺히죠? 새벽과 밤이죠. '행로를 경계한다'라는 표현은 '이른 새벽과 밤 늦은 외출을 삼가서 난폭한 자를 조심한다'라는 의미로 쓰이는데요. 시로 들어가 보겠습니다.

① 厭浥行露 豈不夙夜 謂行多露

첫번째 구 '엽읍행로'(厭浥行露)에서 '엽읍'은 이슬에 젖는다
는 겁니다. '厭'은 원래는 '싫어할 염'이지만 여기서는 '엽'으
로 읽고, '엽읍'은 한 단어로 '젖었다, 축축하다'라는 뜻입니
다. '엽읍행로'라 하면 지금 길이 이슬로 젖어 있다는 말이
되죠.

　'기불숙야 위행다로'(豈不夙夜 謂行多露)는 '내가 어찌 새
벽녘이나 밤늦게 다니고 싶지 않겠는가. (하지만) 이슬이 많
아서 젖게 될 것이 두렵네요' 정도의 의미가 됩니다. 여자
가 새벽이나 밤에 혼자 다니다 보면 치한을 만날까 두려웠
다는 말인데, 그것을 '이슬이 많아서 옷이 젖을까 걱정이에
요'라고 표현한 거죠. '위행다로'의 '위'(謂) 자는 해석하지 않
습니다. 그런데 '기불숙야'는 번역이 좀 이상하죠. 직역하면
'어찌 새벽이나 밤이 아니리오'가 됩니다. 그래서 주자는 여
자가 '나라고 어찌 새벽녘이나 밤에 다니며 놀고 싶지 않겠
어요. (그러나) 다니다 보면 많은 이슬에 옷이 젖을까 걱정되
어 감히 그럴 수 없습니다'[豈不欲早夜而行乎, 畏多露之沾濡而
不敢爾]라고 말하며 놀러 나오라는 남자의 청을 거절한 것으
로 되어 있어요. 이 여인이 왜 이럴까요? 주자에 의하면 문

왕의 교화를 전파하는 소백의 가르침에 감화된 것이지요. 음란한 풍속이 바뀌면서 여인들이 밤 외출을 삼가게 된 것이라고요.

어쨌든 다음 장으로 넘어가 보죠. 다음 장은 그렇게 조심했던 여자가 결혼과 관련해서 재판을 받게 되는 내용입니다. 제가 보기에는 2장과 3장만 있어도 될 것 같아요. 1장의 이슬 이야기는 따로 붙은 거 같고요. 하지만 기존의 해석을 대체하는 해석이 현재까지 없어요. 〈행로〉는 여인의 행동거지와 관련된 워낙 유명한 시이고 다른 문헌에도 이와 같은 시각이 그대로 다 나오기 때문이지요. 최소한 2500년 동안 이 시는 '여자들이 새벽이나 밤늦게 혼자 다니다 보면 험한 일을 당할 수 있다'라는 경고로 해석되어 온 것이죠. 그런데 저는 이 시 해석이 예나 지금이나 이상해요! 『시경』 작품 중 이례적이라 할 만큼 A와 B-B′ 부분이 억지로 연결된 것 같아서요.

② 誰謂雀無角 何以穿我屋 誰謂女無家
　　何以速我獄 雖速我獄 室家不足

'행로지송'(行露之訟) 부분입니다. 먼저 등장인물을 정리해야 합니다. 결혼 약속을 지키지 않았다고 고소를 한 남자, 고소를 당한 여자, 그리고 남의 말 하기 좋아하는 제3자가 간접적으로 등장합니다. 제3자의 말들은 소송당한 여인이 자신의 목소리로 전하니까요. 이들이 등장해서 각자 말을 하고 있는 거죠. 2장의 첫 구인 '수위작무각'(誰謂雀無角)의 '수'(誰)는 '누구'라는 뜻이죠. 불특정 다수를 말합니다. '수위'(誰謂)는 '누군가가 말한다'고 해석할 수 있겠죠. 이 구는 재판이 벌어지니까 제3자들이 말을 하는 거예요. '작무각'의 '작'(雀)은 참새죠? 그러니까 '참새는 원래 뿔이 없는데'라는 뜻입니다. 하지만 '작무각, 하이천아옥'은 '참새가 뿔이 없다면 어떻게 나의 집 지붕을 뚫었겠는가'라고 하는 겁니다. 사람들은 '참새가 뿔이 있으니까 너의 지붕을 뚫었겠지'라고 여자를 의심한다는 겁니다. '하이천아옥'에서의 '아'(我)는 재판을 당한 여자를 가리킵니다. 있지도 않은 '참새 뿔'에 관한 이야기는 3장에서 다시 하기로 하고, 우선 다음 구절을 보죠.

'수위녀무가'(誰謂女無家)의 '녀'(女)는 '너'[汝]라는 뜻인데 여기서는 남자가 여자를 '너'라고 하는 겁니다. 재판을 건 남자를 말해요. 여기서의 '가'(家)는 '혼인 약속'이에요. '실가(室家)의 예'이지요. 두 사람 사이에 결혼에 대해서 무언가 오고 간 이야기가 있었던 겁니다. 번역하면 '네가 결혼 약속을 하

지 않았다면'이 됩니다. '하이속아옥'(何以速我獄)의 '속'(速)은
『주역』에도 나옵니다. 이때는 '빠를 속'이 아니라 '불러오다,
이르게 하다'[召致]라고 보셔야 합니다. 재판에 끌려왔다는
거지요. '옥'(獄)이 요새로 치면 '재판'입니다. '사전 약속이 없
었다면 어떻게 네가 재판에 나오게 되었겠느냐'라고 주장하
는 거지요. 상황은 복잡할 게 없습니다. 시적 화자가 여자이
고, 여자가 주변 사람들과 남자에게 자신의 입장을 변론하
는 거니까요.

　재판과 관련해서 '옥사'(獄事)라는 말도 쓰고 '송사'(訟事)
라는 말도 쓰는데요, 송사는 서로 논쟁만 하다가도 해결될
수 있어요. 공개된 장소에서 말로 다투는 것이니 말로 잘 해
결되기도 하죠. 그러나 판결까지 갈 때는 옥사라는 말을 씁
니다. 재판과정이 끝까지 진행될 때는 '옥'(獄)이란 글자를 쓰
는 거예요. '옥' 앞에 '끊을 절(折)'이 붙어서 '절옥'(折獄)이라
하면 요샛말로 '선고를 내리다'가 돼요. '단옥'(斷獄)도 마찬
가지고요. 판결을 낸다는 한자어죠.

　'수속아옥'(雖速我獄)은 '비록 나를 재판에 불러들였지만'
이란 뜻이 됩니다. '실가부족'(室家不足)의 '실가'는 가정을 이
루는 것이니까 '(네가 나와) 가정을 이루기에는 부족하다'라는
말이지요. '너와는 절대로 결혼할 수 없다'는 말입니다. 여자

의 태도가 단호합니다.

③ 誰謂鼠無牙 何以穿我墉 誰謂女無家
　何以速我訟 雖速我訟 亦不女從

3장은 2장과 거의 같지요. 우선 여자가 남자와 주변 사람들이 하는 말을 전합니다. '쥐 서(鼠)', '어금니 아(牙)', '뚫을 천(穿)', '담 용(墉)' 자가 나오네요. 사람들은 쥐에게 어금니가 없는데도, '어금니가 없다면 쥐가 어찌 너의 집 담벼락을 뚫었겠느냐'라고 해요. 여자가 남자에게 빌미를 주었을 거라 의심하는 것이지요. '그러니까 재판까지 오게 되었겠지'라고…. 여자는 억울합니다. 하지만 침착하게 자신의 입장을 변론하는군요. '네가 비록 나를 재판에 오게 했지만 너를 따르진 않겠다'라고 결심이 굳지요. 이렇게 자신의 입장을 당당하게 밝히게 된 것이 문왕의 교화라면 교화 아닐까요. 결혼 절차를 무시하는 남자를 남편으로 삼을 수는 없다는….

　이 시에서 나오는 표현들, 이를테면 '참새가 뿔이 없다면', '쥐가 어금니가 없다면' 등의 표현을 볼게요. 쥐는 어금니가 없어요. 참새가 뿔이 없듯이요. '본래 없는' 것들이죠. 요즘 말로 하면 뭔가요? 남들이 '네가 뭔가 있으니까 그런 일이 일어났지!'라고 하는 그런 터무니없는 말들을 예전에는 이렇게 표현했던 거예요.

이런 질문을 하실 수도 있습니다. "참새에게 뿔이 없는 것은 삼척동자도 다 아는 사실 아닙니까? 이렇게 누구나 다 아는 사실을 가지고 '참새가 뿔이 없다면 ~했겠는가', '쥐가 어금니가 없다면 ~했겠는가'라고 하는 것은 이치에 맞지 않아요. 누구나 아는 사실인데…" 사실, 저도 이런 의문을 가지고 선생님들께 여쭤봤더니, 사람들이 있지도 않은 '엉뚱한' 이야기를 예나 지금이나 하지 않냐고 하시더군요. 사실 그렇지요. 지금 우리 시대야말로 가짜 뉴스가 범람하지요.

이렇게 살펴보기는 했는데, 이 시는 번역해 놓으면 그 의미를 제대로 살리지 못한 듯해서 찜찜해요. 1장과 2, 3장의 길이가 달라서 노래를 어떻게 불렀을지 궁금하기도 하고요. 어떻든지 간에, 여자가 억울하게 재판을 당하는 이야기에는 항상 인용되는 작품입니다. 그리고 자료를 보면요. 예전에도 이 시처럼 이혼뿐 아니라 결혼과 관련한 분쟁도 많았다고 합니다. 결혼 과정에서 절차상의 문제가 맞지 않아 재판까지 가게 된 일이 많았던 거지요. 그런 실상을 잘 그려낸 것이 바로 〈행로〉입니다!

7. 고양羔羊

羔羊之皮 素絲五紽
고 양 시 피 소 사 오 타

양가죽으로 만든 옷,
흰 실로 다섯 번 꿰맸네.

退食自公 委蛇委蛇
퇴 식 자 공 위 이 위 이

관청에서 물러나 식사하니,
의젓하고 여유 있네.

羔羊之革 素絲五緎
고 양 지 혁 소 사 오 역

양가죽으로 만든 옷,
흰 실로 다섯 솔기 꿰맸네.

委蛇委蛇 自公退食
위 이 위 이 자 공 퇴 식

의젓하고 여유 있게,
관청에서 물러나 식사하네.

羔羊之縫 素絲五總
고 양 지 봉 소 사 오 총

양가죽으로 만든 옷,
흰 실로 다섯 곳을 꿰맸네.

委蛇委蛇 退食自公
위 이 위 이 퇴 식 자 공

의젓하고 여유 있게,
관청에서 물러나 식사하네.

자, 어떤가요. A-A′-A″의 단순한 구조인데 각 장의 뒷부분 두 구에 약간의 변화가 있군요. '퇴식자공 위이위이', '위이위이 자공퇴식', '위이위이 퇴식자공', 이렇게 되어 있는데, 마음 같아서는 통일하고 싶죠? 하지만 세번째 구와 네번째 구가 바뀌기도 하고, 같은 구에서 글자의 순서가 바뀌기도 하면서 변화를 준 것이죠. 이제, 한 구절 한 구절 자세히 살펴볼까요?

① 羔羊之皮 素絲五紽 退食自公 委蛇委蛇

'고양지피'(羔羊之皮)의 '피'(皮)는 '가죽'이지요. '고양'(羔羊)은 '새끼 양'도 되고 '염소'라고도 하는데요. 양 중에 어린 것을 '고'(羔)라 하고 다 큰 것을 '양'(羊)이라 하지요. '고양지피'는 양가죽으로 만든 옷인데, 대부들이 집에서 입는 평상복입니다. 황하 일대는 우리나라보다 춥지요. 『논어』「향당」편을 보면 공자님도 이런 가죽옷을 최소한 두 벌 이상 가지고 계셨던 것 같아요.

양가죽은 상대적으로 가격이 싼데, 다른 가죽옷은 가격이 비쌉니다. 지배층들이 주로 입는 외출용 코트 같은 것은 비싼 여우 가죽으로 만들기도 하죠. 호백구(狐白裘)라고 들어 보셨나요? 흰 털이 나 있는 여우 겨드랑이 가죽만으로 만든 옷이라니. 맹상군(孟嘗君)이 한 벌 가지고 있었다는 부의 상징이죠! '구'(裘)라는 글자는 재단이 된 고급 가죽옷만을 가리키는 말로 평민들은 입기 어려운 옷이었죠.

다음 구 '소사오타'(素絲五紽)의 '소'(素)는 원래 '하얗다'는 뜻입니다. 그렇다면 '소사'(素絲)는 '흰 실'이 되겠네요. 양가죽이니까 흰 실이 어울릴 것 같기는 하죠? '타'(紽)는 드물게 나오는 글자입니다. '꿰매다'라는 뜻인데, 흰 실로 다섯 번을 꿰맸네요. 적어도 다섯 개의 조각을 이어 붙여서 만든 걸 뜻하죠.

그다음 '퇴식자공'(退食自公)은 '자공퇴식'으로 보면 됩니다. '공'은 '공소'(公所), 즉 근무지를 말하고요. 퇴근해서 식사를 하는 거죠. 저녁이 있는 삶이네요. '관청에서 물러나 밥을 먹으니'로 번역하면 됩니다.

'위이위이'(委蛇委蛇)에서 '이'(蛇)는 본래 '뱀 사'입니다. 하지만 '위이'(委蛇)라는 단어가 되면 '구불구불할 이'라 읽습니다. '위'는 보통 '위임장, 맡기다, 버리다' 등에 쓰는 글자인데, 간혹 '구불구불'하다는 뜻의 형용사로 쓰는 경우가 있습니다. 그래서 '위'와 '이' 두 개의 글자를 합친 '위이'는 일이 배배 꼬이거나, 내가 가는 길이 굽어 있는 것을 표현할 때도 사용합니다. 그런데 또 땅에서 느긋하게 기어가는 모양으로 보아 '침착하고 느긋한 모습'을 표현하는 말로도 쓰입니다. 여기서는 의젓하고 여유가 있다는 뜻으로 쓰였네요. '종용자득'(從容自得)의 의미예요. 의젓하고 차분하게 생활하는 것. 안정적이고 만족하는 생활을 말하지요. 퇴근 후에 양가죽으로 만든 일상복을 입고 집밥을 먹으며 여유 있게 생활한다! 주자는 이 작품을 '문왕의 교화로 관직에 있는 사람들의 생활이 검소했고, 그 모습을 시인(詩人)이 찬미한 것'으로 보았어요. 관료들의 일상 생활을 가까이서 볼 수 있는 '시인'의 존재를 설정한 것이지요.

'위'가 '구불구불'하다로 쓰인 대표적인 용례를 하나 살펴보고 다음 장으로 넘어가겠습니다. '위항'(委巷)이라는 단어가 있죠. '누항'(陋巷)과 같은 뜻으로 골목이 구불구불한 어려운 사람들이 사는 동네를 말합니다. 예나 지금이나 어려운 사람들 사는 동네는 길이 구불구불, 꼬불꼬불하죠. 부자들 사는 동네 길은 곧고 넓고요. 그래서 평민층의 문학을 '위항문학'이라고도 한답니다. 구불구불한 동네에서 사는 사람들의 문학. 지금 우리가 공부하고 있는 남산 밑 필동도 옛날에는 위항이었어요. 남산골 딸깍발이 샌님들이 살던 곳이었지요.

② 羔羊之革 素絲五緎 委蛇委蛇 自公退食

'고양지혁'(羔羊之革)에서 '혁'(革)도 '가죽'인데, 일반적으로 무두질하여 부드럽게 만든 가죽을 '혁'이라 하지요. '피'는 날 가죽, 생가죽입니다. 여기서 재미있는 글자는 '소사오역'(素絲五緎)의 '역'(緎)이에요. '역'은 옷 솔기를 나타내는 단어인데요. 솔기란 천과 천을 맞대어 꿰맨 부분을 말하잖아요. 양 가죽으로 만든 옷이 있는데, 흰 실로 다섯 군데 솔기를 꿰맸군요. 역시 양가죽을 조각조각 이어서 만든 옷을 입었군요.

　'위이'는 앞서 살펴보았듯이 의젓하고 '여유가 있다'는 말입니다. 그런 옷을 입고 마음에 여유가 있으니, '자공퇴식', 즉 관청에서 물러 나와 편하게 식사할 수 있지요. 밥 먹는 이야기가 많이 나오네요.

③ 羔羊之縫 素絲五總 委蛇委蛇 退食自公

이번엔 '봉'(縫)이라는 글자가 나오네요. '봉'은 가죽을 꿰맨 봉합선입니다. 흰 실로 양가죽을 꿰맨 것이 '소사오총'(素絲五總) 하대요. '총'(總)은 '총리'(總理)라고 할 때의 '총'이거든요? 총리는 국정을 총괄한다는 말이잖아요? 여기서 '총'도

옷의 조각들을 모아 꿰맸다는 말이죠. '다섯 군데를 꿰맸다', '솔기가 다섯 군데다', '다섯 군데 자국이 합쳐졌도다'. 다 같은 말이죠.

　'위이위이 퇴식자공'은 1장과 앞뒤 위치만 바꿨네요. '의젓하고 여유 있게 관청에서 물러나 식사를 하네'가 됩니다. 여기 등장하는 인물은 관공서에서 근무하는 관리예요. 주자는 제3자인 '시인'이 관리가 검소하게 생활하는 모습을 보고 칭찬한 것이라 보았어요. 『시경』의 나물 캐는 노래들을 나물 캐는 여인이 직접 부른 노래로 본 것과는 다르죠. 다른 시에서도 주자는 작중 화자가 직접 노래한 것과 제3자인 '시인'이 특정한 정황을 표현한 것을 구분하였습니다. 노래 부르는 사람과 작중 화자가 일치하는 경우와 그렇지 않은 경우가 있다고 본 것이지요. 이렇게 '시인'을 설정하면 시인의 시선을 따라가는 독법이 필요해지지요.

8. 은기뢰殷其雷

殷其雷 在南山之陽
은 기 뢰 재 남 산 지 양

우르르 콰콰 우레 소리,
남산의 남쪽에서 치는구나.

何斯違斯 莫敢或遑
하 사 위 사 막 감 혹 황

어찌하여 그대는 이곳을 떠나서,
잠시라도 겨를이 없으신가요.

振振君子 歸哉歸哉
진 진 군 자 귀 재 귀 재

믿음직스런 그대여,
돌아오소서, 돌아오소서.

殷其雷 在南山之側
은 기 뢰 재 남 산 지 측

우르르 콰콰 우레 소리,
남산의 옆에서 치는구나.

何斯違斯 莫敢遑息
하 사 위 사 막 감 황 식

어찌하여 그대는 이곳을 떠나서,
쉬지를 못하시나요.

振振君子 歸哉歸哉
진 진 군 자 귀 재 귀 재

믿음직스런 그대여,
돌아오소서, 돌아오소서.

殷其雷 在南山之下
은 기 뢰 재 남 산 지 하

우르르 콰콰 우레 소리,
남산의 아래쪽에서 치는구나.

何斯違斯 莫或遑處
하 사 위 사 막 혹 황 처

어찌하여 그대는 이곳을 떠나서,
잠시라도 쉴 여유가 없으신가요.

振振君子 歸哉歸哉
진 진 군 자 귀 재 귀 재

믿음직스런 그대여,
돌아오소서, 돌아오소서.

이번에 보실 작품 〈은기뢰〉는 정말 애절해요. 『시경』에서 제일 많이 나오는 정서가 사랑과 이별, 그리움이죠? 풀이 전에 세 번 정도 소리 내어 읽으시면서 우레 소리로 증폭되는 마음의 진동을 느껴 보세요. A-A'-A″ 유형인데 '진진군자 귀재귀재'(振振君子 歸哉歸哉)라는 구절이 반복되죠. '그대여~ 돌아오소서'라고 기원하는 거죠. '진진군자'라는 말도 유명합니다. '진진'은 「주남」의 〈린지지〉에도 나온 표현인데, 원래의 '진'(振)은 '떨치다, 진동하다'라는 뜻이지요. '진서'(振書)라는 단어는 책의 먼지를 털어서 말리는 것이고요, '진의'(振衣)는 외출 후에 옷 먼지를 터는 겁니다. 여기서 '진진군자'라 할 때 '진진'은 '신후'(信厚), 믿음직스럽게 덕이 두텁다는 거고요.

① 殷其雷 在南山之陽 何斯違斯 莫敢或遑
　振振君子 歸哉歸哉

'은기뢰'(殷其雷)의 '은'(殷)은 우레 소리예요. 원래는 '나라이름 은'이지만, 여기서는 '우르르 쾅쾅' 하는 엄청난 우레 소리인 거죠. 이것을 '은은히'라 번역하시면 안 됩니다. '은' 자체에 '성대하다'라는 뜻이 있어요. 그러니 꽉 차고 요란한 거죠. '뢰'(雷)는 우레가 치는 것이고요.

　『시경』에서 가장 많이 나오는 산이 바로 '남산'이지요. 앞에서도 나왔었죠. 산을 올라도 우선 남산부터 오릅니다. '재남산지양'(在南山之陽)의 '양'(陽) 자를 봐 주세요. 산의 남쪽을 '양'이라고 하거든요. 그러니 남산의 남쪽 방향에서 우레가 치고 있는 거예요. 산의 '양'은 남쪽이지만 강에 '양'이 나오면 강 북쪽을 가리키는 말이 됩니다. 부역, 전쟁에 나간 군자를 그리워하는 시이니 작중 화자는 아내이지요. 앞의 <초충>(草蟲)에서는 풀벌레 소리에 그리움이 커지면서 심장이 뛰었잖아요? 여기서는 우레가 치니 멀리 떠나 있는 남편, 연인이 생각난 거예요. 우레 소리에 그리움이 증폭되어 튀어나온 거죠.

　'하사위사'(何斯違斯)에서 '하사'는 '어찌하여 그대는'이란 뜻으로 '사'(斯)가 '사람'을 지칭하고, '위사'는 '이곳을 떠나서'란 뜻으로 이때의 '사'(斯)는 여자가 있는 장소, '이곳'을 의미합니다. 풀어 보면 '어찌하다 그대는 나를 떠나서'라는 말이 되는 거죠. 주자도 첫번째 '사'는 사람[此人], 두번째 '사'는 장소[此所]라고 했지요. '위'(違)는 본래 '위반하다'라는 뜻이지만 '떠나다'라는 뜻도 있어요. 여기서는 '떠나다'라고 보시면 됩니다.

'막감혹황'(莫敢或遑)의 '혹'(或)은 '잠시라도'의 뜻이에요. 그리고 '황'(遑)을 보세요. '급하다'와 '한가하다'로 상반된 뜻이 있는데, 여기서는 '쉴 겨를'로 풀겠습니다. '황급(遑汲)하다'고 할 때는 '급하다'라는 뜻이지요. 여기서 '막감혹황'이라할 때는 '어찌 잠깐이라도 쉴 겨를이 없는가'의 의미죠. 잠깐집에 왔다 갈 틈도 없는 남편과 그리움이 가득한 아내. 아내는 남편이 일을 마치고 빨리 돌아오기만을 바라고 있죠.

주자의 해설대로 하면 '진진군자'(振振君子)는 '믿음직스런 그대여'가 됩니다. '진'에는 '눈에 확 띄다'라는 뜻도 있으니까요. 자기가 사랑하는 사람은 어디에 있든지 눈에 확 띄잖아요. '누구보다 멋있는 그대'라고 하셔도 좋습니다. '귀재귀재'는 '돌아오소서, 돌아오소서' 이렇게 풉니다. 이 구절은 2장과 3장의 후렴구에도 반복해서 쓰이죠. 낭송할 때 감정이입이 큰 구절입니다.

② 殷其雷 在南山之側 何斯違斯 莫敢遑息
   振振君子 歸哉歸哉

1장과 다른 글자만 살펴보고 넘어가면 될 듯합니다. '재남산지측'의 '측'(側)은 '옆'이라는 뜻이고요. '막감황식'(莫敢遑息)

의 '황'을 1장에서 '겨를'이라고 했었죠? '식'(息)은 쉬는 거고요. '잠시도 쉬지 못한다'는 뜻이 되겠지요. 나머지 후렴구는 1장과 동일하고요.

③ 殷其雷 在南山之下 何斯違斯 莫或遑處
　　振振君子 歸哉歸哉

이번에는 남산의 아래[南山之下]에서 우레가 '우르르 쾅쾅' 울리네요. '막감황처'에서 '처'(處)는 '머무르다, 거하다'[居]라는 뜻이고, 2장과 마찬가지로 '쉰다'라는 의미로 보셔도 됩니다.

　이 시는 무엇보다 여러 번 읽는 과정에서 작중 화자의 정서에 공감하시는 것이 포인트입니다. 흥어시(興於詩)!

9. 표유매摽有梅

摽有梅 其實七兮
표 유 매 기 실 칠 혜

求我庶士 迨其吉兮
구 아 서 사 태 기 길 혜

떨어지는 매실,
그 열매가 일곱뿐이네.
나를 원하는 많은 남자들이여,
좋은 날에 오세요.

摽有梅 其實三兮
표 유 매 기 실 삼 혜

求我庶士 迨其今兮
구 아 서 사 태 기 금 혜

떨어지는 매실,
그 열매가 셋뿐이네.
나를 원하는 많은 남자들이여,
지금 와 주세요.

摽有梅 頃筐墍之
표 유 매 경 광 기 지

求我庶士 迨其謂之
구 아 서 사 태 기 위 지

떨어지는 매실,
광주리를 기울여 주워 담네.
나를 원하는 많은 남자들이여,
약속이라도 해주세요.

〈표유매〉는 생각만 해도 웃음이 나오는 시지요. 매실을 따면서 연인을 기다리는 아가씨의 모습이 눈에 선하답니다. 우리는 매실을 언제 따지요? 6월에 따나요? 매실청도 그때 담그겠죠. 요즘 매실을 가지고 매실차나 매실청 만드시는 분들이 많은데, 그럴 때 이 시를 외우면서 하시면 더 운치가 있을 것 같아요. 시가 짧고 재미있어서 많은 분들이 좋아하는 시입니다. '표유매'와 '구아서사'가 반복되면서 시를 읽는 맛이 커진답니다.

① 摽有梅 其實七兮 求我庶士 迨其吉兮

〈표유매〉(摽有梅)의 '표'(摽) 자를 봐주세요. 이 글자가 무척 중요합니다. 여기서 '표'는 열매가 '떨어지는 것'[落]인데 '가슴을 친다'라는 뜻도 있답니다. 가슴을 치는 것도 여러 가지 경우가 있겠지요. 그 가운데 '속이 답답해서' 가슴을 칠 때 '표' 자를 쓰고는 합니다. 이런 경우는 「패풍」(邶風) 〈백주〉(柏舟)에 나오니 기다려 주세요. 내가 따지도 않았는데 매실이 익어 뚝뚝 떨어지는 거예요. '표유매', 매실이 떨어지네!

그런데 '기실칠혜'(其實七兮), 그 열매가 일곱 개 정도 남았네요. 얼마 남지 않은 겁니다. 매실은 나무마다 열매가 정말 많이 열리지요. 그런데 그게 뚝뚝 다 떨어지고 일곱 개밖에 안 남은 거예요. 뭐 거의 끝물인 거죠. 뚝뚝 떨어지는 매실을 하염없이 바라보는 여인의 마음은 어떨까요?

'구아서사'(求我庶士)의 '구'(求)는 '구하다'라는 뜻입니다. 이 구절을 풀면 '나를 원하는 서사(庶士)들이여!'가 되겠지요. 이때 '서사'(庶士)는 '남자들'이라고 해도 좋지만 '서'(庶) 자를 새겨 주어서 '많은 남자들'이라 해야 더 좋습니다. 주를 보면 '서'(庶)를 '중'(衆)으로 풀었거든요. 그러니까 '구아서사'는 곧 '나를 원하는 많은 남자들이여!'라는 말이지요. 굉장히 노골적이고 적극적이에요. 지금 매실이 일곱 개밖에 남지 않아서, 이 여인은 마음이 급합니다. 매실을 세고 있잖아요. 매실이 일곱 개밖에 안 남았다는 건 무슨 말일까요? 봄이 다 갔다, 연애하기 좋은 시절이 다 갔다, 이런 뜻이지요.

'태기길혜'(迨其吉兮)의 '태'(迨)는 '미칠 태'인데, '미칠 급 (及)' 자와 같습니다. 시의 내용상, '○○한 때에 와라[及]!'라는 의미가 되겠지요. '길'(吉)은 '길일'을 말하는 것이니, 지금처럼 좋은 날, 길일에 오시라는 겁니다. "지금이 딱 좋은 때이니 나에게 데이트 신청을 하세요", 이걸 한문으로 쓴 것이 이 구절인 겁니다.

그렇다면 주자의 주에는 이 부분이 어떻게 나와 있는지

볼까요?

남국이 문왕의 교화를 입어서 여자가 바르고 미더움으로 스스로 지켜야 한다는 것을 알았다. 그 시집가는 것이 제 때에 미치지 못하면 난폭한 자에게 욕을 당할까 두려워하였다. 그래서 매실이 떨어져 나무에 남아 있는 것이 적은 것으로 때가 지나 너무 늦었음을 나타낸 것이다.

南國被文王之化, 女子知以貞信自守,
남 국 피 문 왕 지 화   여 자 지 이 정 신 자 수
懼其嫁不及時, 而有强暴之辱也. 故言梅落而在樹者少,
구 기 가 불 급 시   이 유 강 폭 지 욕 야   고 언 매 락 이 재 수 자 소
以見時過而太晚矣.
이 견 시 과 이 태 만 의

혼기가 지나고 있지만 문왕의 교화를 입었기 때문에 여자가 자신을 올곧게 지키고 있네요. 그런데 시집을 제때에 못 가게 될까봐 두렵고 걱정이 되어 자신의 뜻을 조심스럽게 표한 것이라는 거죠. 이런 해석을 '교화론'(敎化論)이라고 하는데 지금 우리의 시선으로 보면 부자연스럽지요. 우리는 부질없이 가고 있는 봄날에 연애하고 싶은 젊은 여인의 모습을 보게 됩니다. 매실이 떨어지는 것을 보니 봄날이 얼마 안 남았네요. 혼기가 늦어지고 있어요. 그래서 뭐라고 해요? "많은 남자들이여, 나에게 데이트 신청을 해주세요." 이

렇게 과감하게 연애감정을 노래로 부르는 거지요. 다음 장으로 넘어가 보겠습니다. 자, 이제 매실이 더 떨어졌네요. 일곱 개 중에서 세 개 남았어요.

② 摽有梅 其實三兮 求我庶士 迨其今兮

자꾸 매실이 떨어져서 열매는 이제 세 개만 남았네요. 어쩝니까? '구아서사'(求我庶士)는 장마다 반복되지요. '태기금혜'(迨其今兮)에서는 '금'(今)을 주목하셔야 합니다. 이 말은 "지금 당장![今] 오세요. 오늘 와 주세요", 이런 말이잖아요? 주자는 이 부분을 어떻게 풀었을까요? 주자도 '길일을 기다릴 수 없다'[蓋不待吉矣]라고 했네요. 다급한 것이지요.

③ 摽有梅 頃筐墍之 求我庶士 迨其謂之

매실이 다 떨어진 모양이군요. 안타깝지만 매실이 떨어지면 줍기는 주워야지요. '경광기지'(頃筐墍之)의 '경광'(頃筐)을 앞에서 읽은 〈권이〉(卷耳)에서는 '비스듬히 기울어진 네모난 바구니'라고 해석했는데요. 이 시에서는 조금 다릅니다. '경광'의 '경'을 동사로 하여 '광주리를 기울여'[頃]라고 풉니다.

하지만, 꼭 이렇게 하실 필요는 없습니다. 〈권이〉에서처럼 '경광' 자체를 한쪽으로 기울어진 바구니로 보셔도 무방해요. '경광기지'의 '기'(墍)는 '주워 담는다'는 뜻입니다. '기'(墍) 자를 잘 보면 '이미 기(既)'와 '흙 토(土)'가 합쳐져 있지요? 이 글자 자체에 '땅에 떨어진 것들을 주워 담는다'는 뜻이 있어서, 도토리 같은 것을 주울 때 쏠 수 있지요. '경광에 다 주워 담는다'의 의미는 뭘까요? 주를 보시면 '락지진의'(落之盡矣)라 되어 있어요. 결국 매실이 다 떨어진 겁니다. 화창한 봄날이 흘러가고 만 것이지요. '구아서사 태기위지'(求我庶士 迨其謂之)에서 앞의 '구아서사'는 앞의 장과 같지요? 그다음으로 '태기위지'의 '위'(謂)를 한번 보세요. '말할 위(謂)' 자인데, 여기서는 '약속만이라도 해주세요'라는 뜻입니다. '나한테 말이라도 붙여 달라'는 거예요.

정리를 좀 해볼까요. 이 시의 맥락을 살펴보면 이렇습니다. 혼기를 놓쳐도 여자가 의연하게 나무 밑에서 매실을 줍고 있는 거예요. 아무나 쫓아가지 않고요! 그래서 주자는 이 작품을 '스스로 예의를 지키는'[自守] 여인의 노래로 풀었어요. 속이 타들어가도 말입니다. 하지만 이건 전근대 남성 중심의 시각이지요. 여자들이 어떤 상황에서도 정숙하기를 바라는 거예요. 하지만 지금의 우리에게는 이런 해석은 재미

없고, 어이없기까지 하지요. 시를 보면, 여자가 상당히 적극적이에요. "말이라도 붙여 보라고!" 이러잖아요? 매력과 힘이 넘치는 여성이지요. 멋있어요! 중국 드라마를 보니 연애 감정 충만한 여주인공이 이 노래를 부르더군요.

10. 소성小星

嘒彼小星 三五在東
혜 피 소 성 삼 오 재 동

반짝 반짝 작은 별들,
세 개 다섯 개 동쪽에 있도다.

肅肅宵征 夙夜在公
숙 숙 소 정 숙 야 재 공

조심조심 밤길을 가니
새벽이나 밤에 공 계신 곳에 있으니,

寔命不同
식 명 부 동

참으로 처지가 같지 않다네.

嘒彼小星 維參與昴
혜 피 소 성 유 삼 여 묘

반짝 반짝 작은 별들,
삼성과 묘성이구나.

肅肅宵征 抱衾與裯
숙 숙 소 정 포 금 여 주

조심조심 밤길을 가니
이부자리를 안았도다.

寔命不猶
식 명 불 유

참으로 처지가 같지 않다네.

이 시의 제목인 〈소성〉은 '작은 별'입니다. '작은 별이 반짝반짝한다'는 뜻으로 볼 수 있지요. 우리는 시를 읽다가 작은 별이 나오면 낭만적 상상을 하게 되지요. 그런데 주자의 주석을 보시면 시를 해석하는 방식이 마음에 안 드실 겁니다. '문왕의 후비(后妃)의 교화로 제후의 아내도 투기하지 않게 되었다. 정처와 첩 사이의 갈등이 없게 되어, 많은 첩들[衆妾]이 제후의 부인을 찬미한 것이다', 이런 식으로 보거든요. 『시경』에서는 이처럼 여자들의 노래를 보는 시선이 남성화되어 있습니다. 남성들의 판타지란 결국 뭐겠습니까. 아내와 여러 첩들이 어쩜 그리 사이가 좋을까요? 형님, 아우 하면서요. 신분에 따른 각자의 역할을 너무 열심히 해서 집안이 편안하고 무탈하네요. 처첩이 '시스터'가 되어 자매애(sisterhood)로 가득한 집안! 바로 그거지요.

사실, 전근대 사회구조 속의 여성들에겐 지금 우리가 생각하는 것만큼의 처첩 갈등은 그다지 많지 않았습니다. 처첩 갈등은 주로 소설 속에서, 혹은 지금 우리가 보는 드라마에서나 많이 보입니다. 당시에는 남녀노소 누구에게나 아예 '신분제'가 그냥 마음과 몸 속에 새겨져 있었다고 보시면 좋아요. '내 신분에선 이렇게 사는 게 마땅해, 이나마 다행이다', 이렇게 말입니다. 옛 여성들은 사회 활동이 거의 불가능

했지요. 그러니 무작정 입센의 『인형의 집』에 나오는 '노라'처럼 집을 뛰쳐나올 수는 없지요. 집을 떠나면 바로 생계가 어려워져요. 그래서 가정이 사회가 되어 그 속에서 각자의 역할을 하면서 살아간 것이지요. 요즘은 첩이란 말조차도 쓰지 않죠. 아무튼 이제 우리가 읽을 〈소성〉은 '첩들의 노래'라 할 수 있습니다. 한 구절 한 구절 풀어 볼까요?

① 嘒彼小星 三五在東 肅肅宵征 夙夜在公
　　寔命不同

'혜피소성'(嘒彼小星)의 '혜'(嘒)는 '반짝거리다'라는 뜻인데, 주로 '별'이 반짝거릴 때 쓰는 글자입니다. '삼오재동'(三五在東)은 '세 개, 다섯 개의 별들이 동쪽에 있도다'라고 해석이 되죠. 여기서 '동쪽에 있다'는 것은 무엇을 의미할까요? 지금 별이 뜨기 시작하는 초저녁이라는 말입니다.

　　'숙숙소정'(肅肅宵征)의 '숙'(肅)은 본래 '엄숙할 숙' 자인데, 여기서는 '조심스럽게'라고 해석합니다. '소정'(宵征)의 '소'(宵)는 '밤 소'입니다. '정'(征)은 습관적으로 '정벌하다'로 새기는 경우가 많습니다. 하지만 글을 읽다 보면 '정'(征) 자의 용례가 정말 다양하구나, 느끼실 거예요. 여기서는 '~로

가다', '~로 나아가다'라는 뜻으로 쓰였어요. 따라서 '숙숙소
정'은 '밤길을 조심스럽게 걸어가다'가 되겠지요. 이 여인은
왜! 밤길을 걸어갈까요? 여기서 밤길을 걸어간다는 것은 어
딘가에 갔다가 자기 숙소로 돌아온다는 말입니다. 여인들이
남자(남편)가 있는 곳에 갔다가 오는 거죠. 곁에 항상 있는 게
아니라는 거고요. 이런 상황은 집안에서 첩의 신분과 역할
을 알면 이해가 쉬운데요. 큰 집안의 이런저런 일을 맡아서
하는 여러 여자들을 '첩'이라고 했던 겁니다. 손님 방 청소
담당, 시부모 담당 등의 역할을 나눠서 했거든요. 그러니 출
퇴근 개념이 있는 거고요.

'숙야재공'에서 '숙'(夙)은 새벽이고, '야'(夜)는 밤입니다.
아까 세 개, 다섯 개의 별이 있다고 했잖아요? 그건 두 가지
경우입니다. 별이 지고 몇 개 남지 않은 새벽이거나 막 뜨
기 시작하는 초저녁이라는 거죠. 하지만 그런 걸 세세하게
따지지 않으셔도 됩니다. 중요한 건, '새벽[夙]이나 밤[夜]'에
'공'(公)에 있다는 사실입니다. 여기서 '공'(公)은 남편이자 주
인이 머무는 곳을 말합니다.

'식명부동'(寔命不同)의 '식'(寔)은 부사예요. '참으로', '진
실로'라는 뜻이지요. '명'(命)은 오늘날의 우리가 받아들이
기 어려운 개념일 수도 있습니다. '주어진 처지', 즉 '신분'이

에요. 그러니까 '명'(命)이 '부동'(不同)하다는 건, '신분이 같지 않다'는 말이지요. 이 시대는 내가 귀족으로 태어나거나 평민으로 태어난 게 모두 '하늘이 내려 준 정해진 신분'이라 생각한 거예요. 지금처럼 신분이 없는 사회가 오리라고는 상상도 못했겠죠. 진시황이 죽은 뒤에 진승(陳勝)은 "왕후장상의 씨가 어디 있는가?"(王侯將相寧有種乎)라고 하면서 난을 일으켰지만, 그들도 '신분'을 없애려던 건 아닙니다. 평민도 왕이 될 수 있다는 선언을 한 것이고, 정말 평민 출신인 유방이 한나라를 세웠지요. 인류의 역사에서 '신분제'가 없어진 건 얼마 안 되었어요. 우리나라는 언제부터인가요? 갑오개혁(1894~1896) 때 명목상으로 신분제를 폐지한 거잖아요? 이제 130여 년 되었네요. 정말 얼마 안 되었습니다. '돈'이 신분을 대신하게 된 사회가 되었지만요. '식명부동'은 그런 시대적 배경 속에서 이해하시면 됩니다. '참으로 주어진 신분이 같지 않기 때문이다, 그래서 내가 밤길을 걸어 다닐 수밖에 없는 것이다!' 이렇게 이해할 수 있겠지요. 하지만 여기에 불만이나 원망은 들어 있지 않다고 보는 겁니다.

② 嘒彼小星 維參與昴 肅肅宵征 抱衾與裯

　　寔命不猶

'혜피소성'(嘒彼小星)은 앞 장과 같고요. '유삼여묘'(維參與昴)
의 '삼'(參)은 '참여'(參與)의 '참'이 아닌 '삼'으로 읽습니다. 여
기서 '삼'과 '묘'는 모두 별 이름이에요. 서쪽의 별인 백호칠
수(白虎七宿)에 속하는 별들입니다. '숙숙소정'(肅肅宵征)도
똑같죠. 조심스럽게 밤길을 걸어갑니다. 그런데, '포금여
주'(抱衾與裯)라고 했어요. '포금여주'를 한번 풀어 볼까요?
'포'(抱)는 '~을 (끌어)안다', '금'(衾)은 '두꺼운 솜이불', '주'(裯)
는 얇은 '홑이불'입니다. 이건 무슨 상황일까요? 이 여인들
[衆妾]이 요샛말로 '침낭'을 싸들고 다닌 겁니다. 이 구절을
두고 여러 설들이 분분한데, 대체로는 자신의 이부자리며
소지품을 들고 다닌 것으로 해석을 합니다. 그렇다면 '포금
여주'는 뭐예요? '이부자리를 안고 가네'가 되겠네요. 마지
막 구인 '식명불유'(寔命不猶)에서 '유'(猶)는 '동'(同) 자와 통합
니다. '~와 같다'는 뜻이고요. 저는 여기서 '명'을 '처지'로 풀
고 싶어요. '참으로 처지가 같지 않기 때문이라네'가 되겠지
요. 우리는 앞의 시들에서 뽕잎을 따서 누에를 키우는 여인
들, 제사 지낼 나물을 캐는 여인들을 보았습니다. 모두 귀족

집안(공후)에서 일하는 여성들이었지요. <소성> 역시 이 시들과 마찬가지로 신분제 아래에서 자신에게 주어진 일을 하는 여인들의 작품으로 보시면 됩니다.

11. 강유사 江有汜

江有汜 之子歸 不我以
강 유 사 지 자 귀 불 아 이

강수는 갈라졌다 합쳐지거늘 저 아가씨 시집갈 때 나를 데려가지 않았네.

不我以 其後也悔
불 아 이 기 후 야 회

날 데려가지 않았으니 나중에 후회하게 되리라.

江有渚 之子歸 不我與
강 유 저 지 자 귀 불 아 여

강수에 모래섬이 있거늘 저 아가씨 시집갈 때 나와 함께 가지 않았네.

不我與 其後也處
불 아 여 기 후 야 처

나와 함께 가지 않았지만 나중에 함께하여 편안해지리라.

江有沱 之子歸 不我過
강 유 타 지 자 귀 불 아 과

강수에 갈라진 물굽이가 있거늘 저 아가씨 시집갈 때 내가 있는 곳 지나지도 않았네.

不我過 其嘯也歌
불 아 과 기 소 야 가

내가 있는 곳 지나지도 않았지만 휘파람 불다가 노래하게 되리라.

이 시는 특이하게도 5구 중에 앞의 3구가 3글자로 되어 있군요. 이런 형식은 처음 나오지요?『시경』은 주로 한 구당 4글자이지만 이렇게 3글자로 된 작품도 있고 5글자, 6글자로 구성된 것들도 있답니다. 그럼에도 불구하고『시경』은 '사언체'(四言體) 형식이라고 불립니다. 한문에서 '사언체'라고 하면 그건『시경』을 가리켜요. 사언체의 '언'(言)이란 곧 '단어'를 의미하지요. 4글자로 되어 있는 형식이라는 뜻입니다. 그런데 오늘 읽을 이 시는 주로 3글자로 이루어져 있네요.

〈강유사〉는 1장, 2장, 3장이 거의 비슷합니다. 우린 이런 형식을 만나면 매우 반갑지요. A-A′-A″! 이 형태가『시경』에선 제일 많습니다. 또, 이런 노래를 더 옛날의 형태로 봅니다. 옛 노래일수록 단순하거든요. 한두 단어만 바꾸어 가면서 불렀지요.

이 시를 해석하기 전에, 먼저 주를 살펴볼게요. 전통적으로 이렇게 해석을 해왔기 때문에 우리는 이게 뭔가 하면서도 이 해석을 무시할 수가 없거든요.

흥이다. 물이 갈라졌다가 다시 들어가는 것을 '사'(汜)라 하니, 지금의 강릉부, 한양군, 안주, 복주 사이에 많이 있다.

'지자'(之子)는 잉첩이 적처를 가리켜 말한 것이다. 부인이 시집가는 것을 '귀'(歸)라 한다. 아(我)는 잉첩 자신이다. 능히 좌지우지하는 것을 '이'(以)라 하니, 자기를 데리고 함께 가는 것을 말한다.

興也. 水決復入爲汜, 今江陵·漢陽·安·復之間
흥야   수 결 부 입 위 사   금강릉   한양   안   복지간
蓋多有之. 之子, 媵妾指嫡妻而言也. 婦人謂嫁曰歸.
개 다 유 지   지 자   잉 첩 지 적 처 이 언 야   부 인 위 가 왈 귀
我, 媵自我也. 能左右之曰以, 謂挾己而偕行也.
아   잉 자 아 야   능 좌 우 지 왈 이   위 협 기 이 해 행 야

'잉첩'(媵妾)이라는 단어가 보이시지요? 「소남」의 첫 작품 〈작소〉를 읽을 때 '잉첩제'에 대한 말씀을 드렸었는데, 기억하고 계신가요? '잉첩'은 천자나 제후의 딸들이 시집갈 때 같이 데리고 가는 여자들이지요. 여동생, 시녀 등등이 다 함께 가요. 이 여인들이 한 남자를 섬기는 제도가 바로 '잉첩제도'입니다. 이 시는 이런 잉첩제를 배경으로 하고 있어요.

노래의 내용은 이렇습니다. 작중 화자 '나'는 '잉첩'이에요. 귀족층 여자가 시집갈 때 '나'를 데려갈 줄 알았다네요. 그래야 '나'도 시집갈 수 있거든요. 그런데 시집가는 아가씨가 나를 선택하지 않고 다른 여자를 데리고 갑니다. 그걸 원망하는 노래예요. 오랫동안 이 노래를 이런 식으로 해석해 왔습니다. 주자만 그런 것이 아니라, 한나라 때부터 줄곧 잉

첩제라는 결혼제도를 배경으로 나온 노래로 보아 왔습니다. 그러니 우리도 우선 이 해석을 중심으로 시를 살펴볼 거고요. 이 역시 〈소성〉의 여인처럼 신분이 다름을 당연히 받아들이는 여자의 노래로 보는 거죠. 이런 점을 염두에 두고 한 장씩 살펴볼까요?

① 江有汜 之子歸 不我以 不我以 其後也悔

'강유사'(江有汜)는 '강수에 갈라졌다 다시 합쳐지는 물줄기가 있다'라고 해석을 하는데요. '사'(汜)가 무엇일까요? 강을 보면 물줄기가 갈라졌다가 다시 만나곤 하지요. 한강도 마찬가지죠. 물이 흐르는데 그 가운데 모래톱이 있으면 양쪽으로 갈라져 흐르다가 다시 만나잖아요? 그 부분을 '사'라고 합니다. 그래서 '강물에 사가 있다'는 의미는 잠시 헤어지지만 다시 만날 수밖에 없다는 뜻입니다. 그다음 '지자귀'(之子歸)의 '지자'(之子)는 '저 아가씨'라고 해석해요. '귀'(歸)는 시집간다는 뜻으로 여러 번 나왔었죠. 그러니까 '지자귀'는 '저 아가씨 시집간다'라는 말입니다.

　　'정처'로 시집가는 여인이, '불아이'(不我以)랍니다. '불아이'의 '이'(以)는 여기서는 '좌지우지하는 것'[左右]이에요. 선택권이 전적으로 시집가는 아가씨에게 있다는 것이지요. 그렇다면 '불아이'는 '나를 선택하여 데리고 가지 않았도다'가 되겠네요. 그다음에 '불아이'(不我以)가 또 나오죠. 이 '불아이'는 뒤의 '기후야회'(其後也悔)와 연결이 되어서, '나를 데려가지 않으니, 그 아가씨 나중에 후회할 텐데'라는 말이에요. '후'(後)는 '뒤에', '나중에'라는 뜻이고, '회'(悔)는 '후회하다'이지요. 즉 '시집가서 살다 보면 반드시 내가 필요할 텐데, 그때는 후회하리'라는 의미로 보시면 좋아요. 그다음에 어떻게 됐냐구요. 주자는 '작중 화자를 잉첩으로 데려가지 않았던 아가씨가 스스로 뉘우치고 두고 갔던 그녀를 맞이했다'라고 하네요. 그래서 물줄기가 갈라졌다 다시 합친다는 '사'(氾) 자를 쓴 것이라고요. 자, 이게 첫번째 해석입니다.

그런데 다른 해석도 있습니다. 이 시는 전체적으로 '남겨진 여인'의 노래잖아요? 그래서 작중 화자를 통일합니다. '회'(悔)의 주체도 남겨진 여인으로 보는 거죠. 그럼, '회'(悔)를 '후회하다'보다는 '마음 아프다'나 '미련이 남다'로 풀어야겠지요. '시집가는 저 아가씨 나를 데려가지 않으니 뒤에 남은 나는 마음이 아플 뿐!' 이 해석 어떠신가요? '회'의 주체가 누구냐에 따라 해석이 달라지는 거지요. 어느 것도 틀린 해석은 아닙니다. 물론 작중 화자를 연인에게 버림받은 남자로 보셔도 됩니다. 나를 거들떠보지도 않고 다른 곳으로 시집가는 무정한 여인을 원망하는 거지요. 다음 장을 볼게요.

② 江有渚 之子歸 不我與 不我與 其後也處

이번엔 '강유저'(江有渚)라고 되어 있지요? '저'(渚)는 강에 있는 '작은 모래톱'[小洲]이지요. 강에 '사'나 '저'가 있다고 말하는 건 남겨진 여인이 지금 강을 쳐다보고 있는 설정인 겁니다. 강을 쳐다보면서 그 아가씨가 시집을 가던 때를 생각하고 있는 거죠.

그런데 '불아여'(不我與), 즉 '나와 함께하지 않았네'라고 합니다. '여'(與)는 앞에 나온 '불아이'의 '이'(以)와 같아요. '동반하다', '데려가다'로 풀지요. 2장은 그 여인이 나를 데려가지 않았지만 나중에는 나를 받아들인다는 내용입니다. '기후야처'의 '처'(處)가 본래 '머무르다'의 뜻이지만 여기서는 '편안해졌다', '받아들였다'로 보는 겁니다. 나를 데려가지 않더니, 나중에 후회하고 다시 받아들였다는 말이지요.

이 노래를 남겨진 여인의 시각으로 본다면 어떨까요? 처음에는 마음이 아팠지만 그 상황을 받아들여 진정되었다고 볼 수 있지요. 이럴 때 '처'(處)는 '함께 살다'가 아니라 '내 마음이 안정되었다'라는 뜻입니다. 간단한 시지만 작중 화자의 심리상태를 어떻게 보느냐에 따라 시 해석이 이렇게 달라집니다. 마지막 장을 볼까요?

③ 江有沱 之子歸 不我過 不我過 其嘯也歌

'강유타'(江有沱)의 '타'(沱)는 강물이 별도로 갈라져 흐르는 것을 말해요. '강수에 갈라진 물굽이가 있구나', 이런 말이지요. 그다음 '불아과'(不我過)의 '과'(過)는 내가 있는 곳을 지나간다는 뜻입니다. 내가 있는 곳을 지나가야 그 여자가 나를 데려갈 것 아닙니까? 그런데 지나가지도 않았어요. 섭섭하고 야속하지요.

그다음 '기소야가'(其嘯也歌)가 나오지요. 이때 '소'(嘯)는 '휘파람 불다'입니다. 근현대로 오면서 전통시대와 완전히 다른 이미지를 갖게 된 것들이 있는데요. 휘파람이 그중 하나입니다. 지금의 휘파람은 신난다는 의미잖아요? 뭔가 기분 좋은 일이 있을 때 휘파람을 불게 되지요. 그런데 전근대 사회에서의 휘파람은 슬플 때 부는 거예요. 전통시대에 휘파람이라는 표상은 마음이 불편하고 걱정거리가 많음을 의미합니다. 한시(漢詩)에서 휘파람이 나오면 그건 모두 '슬픔'

의 표현이에요. 두보(杜甫)의 시에서 휘파람이 나오는데, 전쟁 중에 나라가 다 망한 상황을 묘사하면서 '휘파람 분다'라고 표현을 하거든요.

이렇게 의미가 완전히 달라진 예로 무지개도 있어요. 우리는 쌍무지개를 보면 좋아하지요? 쌍무지개를 희망이나 행운의 상징으로 보는 거지요? 그런데 본래 동양에서는 쌍무지개가 흉조였어요. 아주 흉한 거지요. 국운이 기운다거나, 소인배가 권력을 잡을 징조로 보기도 했거든요. 무지개 자체가 음기(淫氣)가 승한 것으로 흉조예요. 서양에서는 무지개를 희망의 상징으로 보는데 근대가 되면서 이러한 이미지가 그대로 들어온 것이지요. 자연현상을 해석하는 우리의 시선이 완전히 전환된 예라 할 수 있겠죠.

다시 시로 돌아가 보겠습니다. 그 여인이 내가 있는 곳을 지나가지도 않았다 했지요? 같이 갈 생각조차 없었던 겁니다. 그러면 '기소야가'는 어떻게 풀까요? 주자는 1장에서 시집간 후에 후회하게 된 아가씨가 휘파람을 불며 힘들어 하더니 나를 받아들이게 되면서 모든 일이 풀려서 노래하게 되었다고 합니다. 정처가 된 그 아가씨가 휘파람을 불 정도로 시집 생활에 고달팠는데, 나를 다시 만나 노래 부르게 된 것이지요. 이제는 마음이 안정되었다는 거죠. '기소야가'

는 그 아가씨 '휘파람 불며 슬퍼하다가 나를 다시 만나 이제
는 편해져서 노래를 하게 되었네'라는 의미가 됩니다. 2장에
서 이미 '편안해졌다'[處]가 나왔지요. 그럼, 3장의 '휘파람'과
'노래'는 1장의 '회'(悔)와 2장의 '처'(處)를 묶어서 표현한 것이
지요. 남겨진 여인의 처지로 풀면요? '내내 슬픔으로 휘파람
불며 슬픈 노래를 부르노라'가 됩니다. '가'(歌)를 슬픈 노래
로 푸는 거지요. 사실 저는 이 해석이 더 좋습니다.

　이렇게 끝까지 살펴보았는데요. 왜 작중 화자는 '잉첩'
이 되길 원할까요? 같은 신분의 남자에게 시집가면 될 텐데
요. 하지만 귀족 집에 '정처'로 가는 그녀의 잉첩이 되기를
바라다니···. 지금의 우리에게는 이해하기 어려운 상황이지
요. 아무래도 그 여자를 따라가는 것을 신분상승의 기회로
여긴 듯하네요. 간단치가 않은 문제예요. 평민층으로 농사
짓고 사는 것보다는 귀족 집으로 가서 정처 옆에서 첩의 신
분으로 사는 걸 더 좋아하는 상황이니까요.

　그런데 이 노래를 근현대의 연구자들은 다르게 해석하
기도 합니다. 작중 화자를 남자로 보는 것입니다. 마음에 두
었던 사랑하는 여인이 다른 곳으로 시집가는 것을 보는 남
성의 마음이 오죽하겠어요. 그럼 어떻게 되죠?

그 여인이 시집가는데, 나를 두고 가네. 나와 같이하지 않으니 오랫동안 가슴 아파하네.

그 여인이 시집가니, 나와 인생을 함께하지 않네. 하지만 떠나보낸 후에는 마음을 잡았다네.

그 여인이 시집가는데, 내가 사는 곳을 지나가지도 않네. 우리 집 앞을 지나가지도 않으니 나는 휘파람 불며 슬픈 노래를 부를 뿐!

이렇게 보아도 됩니다. 원래 어떤 상황에서 불려졌는가는 지금의 우리가 알 수 없잖아요? 이런 상황, 저런 상황에서도 다 불려졌을 겁니다. 학자들이 이 시를 보면서 다양하게 해석하는데, 우리도 그렇게 합시다. 실연의 노래로 보셔도 좋습니다. 우리는 다 알지요. 실연의 고통스런 시간이 지나가면 다시 사랑하게 될 것이고, 또 마음이 편안해지리라는 것을요.

12. 야유사균 野有死麕

野有死麕 白茅包之
야 유 사 균 백 모 포 지

들판에 죽은 고라니
흰 띠풀로 감싸네.

有女懷春 吉士誘之
유 녀 회 춘 길 사 유 지

여인이 봄을 그리워하니,
멋진 남자가 유혹하는구나.

林有樸樕 野有死鹿
림 유 복 속 야 유 사 록

숲에는 떡갈나무 있고,
들판에는 죽은 사슴이 있구나.

白茅純束 有女如玉
백 모 돈 속 유 녀 여 옥

흰 띠풀로 묶어 선물하니,
여인은 옥처럼 곱도다.

舒而脫脫兮
서 이 태 태 혜

가만가만 서서히 오세요.

無感我帨兮 無使尨也吠
무 감 아 세 혜 무 사 방 야 폐

나의 행주치마를 건드리지 말고,
삽살개를 짖지 않게 하세요.

이 시는 상황 자체가 재미있습니다. 1, 2장은 연애에 빠진 여자와 남자를 바라보는 제3자의 시각이고, 3장에는 여성의 목소리가 나옵니다. 시절은 연애감정이 부풀어 오르는 화창한 봄날이지요. 자, 볼까요? 별도의 설명이 필요 없는 작품이랍니다.

① 野有死麕 白茅包之 有女懷春 吉士誘之

'야유사균'(野有死麕)의 '균'(麕)은 고라니입니다. 사슴처럼 생겼는데, 좀 작은 동물이죠. 들판에 죽은 고라니가 있습니다. 사랑에 빠진 남성이 사냥을 해서 잡은 거지요. 이 고라니를 '백모포지'(白茅包之)한답니다. '백모'(白茅)의 '모'(茅)는 갈대와 비슷한 띠풀을 가리킵니다. 마디가 띠처럼 죽 이어져 있어서 띠풀이라 합니다. 『시경』에 다용도로 나오는 생활 필수품이지요. 우리의 볏짚이라 여기시면 됩니다. 지붕도 이고, 새끼로 꼬아 짚신도 삼고, 끈으로도 쓰지요. 그런데 '백모'(白茅)라고 했으니 띠풀의 겉껍질을 벗겨 부드럽게 한 것이군요. 흰 띠풀로 '포'(包)했다고 하네요. '포'(包)는 감싸다의 뜻이니 띠풀로 고라니를 정성껏 싸서 묶은 것이지요. 요새로 치자면 선물 포장입니다. 자신이 잡은 고라니가 한 마리 있는데, 그것을 흰 띠풀로 정성껏 묶어요. 그러고는 어디로 가져가는 거죠? 네! 연애하고 싶은 여자에게 가져다주는 겁니다. 아들들이 자기 어머니에게는 이런 선물을 하진 않죠.^^

'유녀회춘'(有女懷春)의 '녀'(女)는 자신의 '애인'을 가리킵니다. '회춘'(懷春)이라는 말이 여기에 나왔네요. '봄을 그리워한다'라는 뜻인데, 지금 우리가 건강 프로그램에서 자주 듣는 '회춘'(回春)과는 다른 단어지요. 주자 주를 볼까요. '회춘이란 봄을 당하여 그리움이 있게 되는 것이다'[懷春, 當春而有懷也]라고 되어 있습니다. 즉 연애감정이 일어나는 것이 바로 '회춘'입니다. 봄은 연애의 계절이잖아요? '유녀회춘'을 직역하면 '여인이 봄을 그리워하니'이지만 그 속뜻은 '여인이 연애를 하고 싶은 마음이 있으니'라고 보시면 됩니다. 이런 마음은 티가 나게 마련이지요.

'길사유지'(吉士誘之)의 '길사'(吉士)는 누구일까요? 흰 띠풀로 고라니를 포장했던 그 남자겠지요. '길사'라는 표현은 주를 보시면 '미사'(美士), 즉 '멋진 남자'로 풀었어요. 아주 멋진 남자가 유혹하는 거죠. '유지'(誘之)가 유혹한다는 뜻이고요. 무엇으로 유혹하죠? 고라니! 그것도 '통 고라니'로 유혹을 하는 겁니다. 지금 제3자(시인)는 이 상황이 어떻게 진행될까 주시하고 있지요. 우리도 그렇습니다. 굉장히 재미있는 시입니다. 다음 구절을 볼까요?

② 林有樸樕 野有死鹿 白茅純束 有女如玉

'림유복속'(林有樸樕)의 '복'(樸)은 본래 '통나무 박' 자인데 '떡
갈나무'라는 뜻으로 새길 때는 '복'으로 읽습니다. '속'(樕)은
작은 나무를 말하는데, 역시 '떡갈나무'라는 뜻도 있습니다.
그러니까 숲에는 떡갈나무가 있고, 들판에는 '죽은 사슴'[死
鹿]이 있네요. 이번엔 고라니[麕]가 아니라 사슴[鹿]이군요.
고라니보다는 사슴이 크지요.

들판에 죽어 있는 사슴을 흰 띠풀[白茅]로 '돈속'(純束)
합니다. 1장에서는 '포'(包) 자를 썼지요. '純'은 본래 '순수할
순' 자인데 '돈'으로 읽는 경우가 있습니다. 그럴 때는 대부
분 뒤에 '속'(束) 자가 달려 나와서 '돈속'이 한 단어로 쓰입니
다. '돈속'은 '묶는다'는 뜻이고요. 그러니까 죽은 사슴을 흰
띠풀로 묶는데, 이 말 속에는 '정성껏 묶는다'는 의미가 들어
있어요. 우리도 사랑하는 사람에게 줄 선물을 포장할 때 얼
마나 정성껏 열심히 포장을 합니까. 리본도 달고 하잖아요?
여기서도 백모로 예쁘게, 정성껏 포장하는 겁니다. 이것도
결국은 '유혹'의 과정이지요. '유녀여옥'(有女如玉), 그 여인이

'옥'(玉)과 같다고 합니다. 사슴을 가져다줄 만한 여자라면, 이 남자 눈에는 옥과 같은 천상의 미녀겠지요. 그런데 옥과 같이 예쁘다고 하면 어디가 예쁘다는 걸까요? 제일 많이 이야기되는 건 '피부'지요. '옥리'(玉理)라는 단어가 있는데, '옥과 같은 피부'라는 뜻이거든요? 깨끗하다, 투명하다, 부드럽다, 이런 이미지가 연상되지요. 사슴을 받는 봄날의 그 여인이 이런 이미지를 가졌다는 것을 생각하시면 시를 더 실감나게 읽을 수 있겠네요.

이 시는 형식의 측면에서도 재미가 있습니다. A(1장)-A'(2장)에는 '들판에 ○○가 있다' 라고 해서, 여인에게 선물을 가져다주는 남자를 제3자의 관점에서 보는 것으로 설정되어 있지요. 이 남자가 직접 노래하는 게 아니잖아요? 하지만 마지막 장에는 갑자기 여성의 목소리가 등장합니다. 미리 말씀드리면요. '천천히 와주세요, 우리 집 삽살개가 짖지 않게 해주세요', 이런 말을 하고 있죠. 이런 말을 하다니! 정말 재미있는 작품이죠? 그럼, 마지막 3장을 볼까요?

③ 舒而脫脫兮 無感我帨兮 無使尨也吠

'서이태태혜'(舒而脫脫兮)의 '서'(舒) 자는 '천천히'라는 뜻입니

다. '脫'는 '벗어날 탈'이지만 여기서 '태'라고 읽어요. '태태'
는 글자가 두 번 쓰여서 동작을 나타내는 의태어가 됩니다.
'서이태태'는 곧 '천천히 오는 모습'인 겁니다. '너무 갑자기
대시 하지 말고, 천천히 사귀자'라고 할 때 부르는 노래가 바
로 이겁니다. '가만가만, 천천히 와 주세요' 이러면서요. 이
미자 씨의 「나는 열일곱 살이에요」를 보면 '가만히, 가만히
오세요, 요리조리로'라는 가사가 있었죠.

　'무감아세혜'(無感我帨兮). 이 구절은 여인의 감정 상태를
섬세하게 챙겨 봐야 합니다. '감'(感)은 '움직일 동(動)'의 의미
로 쓰였어요. '움직이다'라는 뜻이지요. '세'(帨)는 수건[巾]입
니다. 주를 보시면 '세'(帨)는 건(巾)'이라고 되어 있어요. 옛날
분들은 이걸 '행주치마'라고 했는데요. 집안일을 할 때 여인
들이 항상 두르는 앞치마이지요. 혹은 결혼할 때 가져가는
수건이라고 보는 경우도 있어요. 하지만 대부분 행주치마로
봅니다. 그럼, '무감아세혜'는 어떻게 해석할까요? 갑자기
분위기가 좀 야해지죠. "나의 행주치마를 건드리지 마세요"
라니! '감'(感)을 '건드리다'로 풀어서, '무감'을 '건드리지 마세
요'로 번역할 수 있습니다. 이럴 때 '무'(無)는 '~하지 말라[毋]
는 금지사입니다. 이건 뭔가요? 여인이 봄을 그리워해서 멋
진 남자가 유혹하고 가만가만 들키지 않고 와 달라더니.

‘무사방야폐’(無使尨也吠)의 ‘방’(尨)은 삽살개입니다. 민화에도 많이 나오지요. 털이 많고 그렇게 크지 않은 개죠. ‘삽살개가 어떻게 생겼지?’ 하시는 분들은 지금 바로 검색해 주세요. 우리나라의 경우 천연기념물로 보호하고 있는데 삽살개의 긴 털과 털에 가려진 처진 눈을 보셔야 이 구절이 더 실감나거든요. 이 여인의 집 문 앞에 삽살개가 있군요. ‘사’(使)는 ‘하여금 사’이고, ‘폐’(吠)는 ‘짖다’라는 뜻이니까, ‘삽살개로 하여금 짖지 않게 해 주세요’라고 해석되겠죠. 이게 무슨 소리죠? 몰래 조심해서 삽살개 짖지 않게 오라는 이야기죠. 작중 여인이 대담하지요. 하긴 고라니, 사슴을 포장해서 가져오는 멋진 남성이니. 사설시조에도 비슷한 맥락에서 삽살개가 종종 나와요. ‘고놈의 개 참 얄밉기도 하다, 평소에는 짖지도 않더니 애인이 찾아오면 캉캉캉캉 짖는구나, 고놈의 삽살개.’ 이런 내용으로 나오는 경우가 많습니다. 이처럼 연애를 방해하는 것 중 하나가 집 문 앞의 삽살개랍니다.

이 장을 여자가 정조를 지키기 위해 거절하는 내용으로 보기도 하는데, 그렇게 보면 이 시가 재미없어지죠. 고라니와 사슴을 거절할 여자가 있을까 싶은데, 주자 선생님은 이 작품을 문왕의 교화를 입은 여자가 유혹을 단호하게 거절하는 작품으로 보십니다. 다 교화론으로 보는 거죠. 남자가 아무리 고라니와 사슴을 가져다주어도 여자는 꼼짝 안 합니다. "괜히 살금살금 와서 우리 집 삽살개 짖을 일은 하지 마세요!" 이렇게 말한다는 거죠. 주자에 따르면 여자가 너무 자신을 잘 지키는 거죠! 그런데 그렇게 보는 건 주자 선생님이고요. 1장에서 봄을 그리워하는 여인을 멋진 남자가 유혹한다고 했는데요, 뭘! 대부분 "조용히 찾아와 주세요. 개 짖게 하지 말고…", 이렇게 봅니다. 마지막으로 이 시는 앞에서 공부한 〈표유매〉와 묶어서 보는 게 좋다는 말씀 드리면서 다음 시로 넘어가도록 하겠습니다.

13. 하피농의何彼穠矣

何彼穠矣 唐棣之華
하 피 농 의 당 체 지 화

어쩌면 저리도 무성할까,
산앵두나무의 꽃이로다.

曷 不 肅 雝 王姬之車
갈 불 숙 옹 왕 희 지 거

어찌 공경하고 화목하지 않겠는가,
왕희의 수레로다.

何彼穠矣 華如桃李
하 피 농 의 화 여 도 리

어쩌면 저리도 무성할까,
꽃이 복숭아·자두 같구나.

平王之孫 齊侯之子
평 왕 지 손 제 후 지 자

평왕의 손녀,
제후의 아들이로다.

其釣維何 維絲伊緡
기 조 유 하 유 사 이 민

낚시는 무엇으로 하는가.
실을 꼬아 낚싯줄을 만들지.

齊侯之子 平王之孫
제 후 지 자 평 왕 지 손

제후의 아들,
평왕의 손녀로다.

주의 천자 평왕(平王, 재위 BC 771~720)의 손녀와 제나라 군주 양공(襄公, 재위 BC 698~686)의 결혼식을 모티프로 시가 나왔군요. 『춘추좌전』을 보면 노 장공(莊公, 재위 BC 693~BC 662) 원년(BC 693)에 '왕희(王姬)가 제나라로 시집갔다'[王姬歸于齊]라는 기록이 있습니다. 이때 왕희가 동성의 제후국인 노나라를 거쳐 제나라로 갔기 때문에 노나라는 도성 밖에 왕희가 거처할 집을 별도로 지었습니다[秋, 築王姬之館于外]. 이때 사실 노나라는 장공의 아버지 환공이 아내 문강(文姜)과 같이 처가인 제나라에 갔다가 객사하는 바람에 이런저런 일을 챙길 경황이 없었지요. 하지만 왕희와 제후가 된 지 5년 된 제 양공의 예정된 결혼식을 주선할 수밖에 없었답니다. 천자의 딸과 손녀는 동성의 제후국인 노나라를 거쳐 남편이 있는 제후국으로 가는 것이 당시의 예였답니다. 왜냐구요? 천자의 나라에서 제후 집안으로 '하가'(下嫁)할 때 동성의 제후가 왕희의 혼주(婚主)가 되거든요.

① 何彼穠矣 唐棣之華 曷不肅雝 王姬之車

'하피농의'(何彼穠矣)는 '아 어찌 저리도 무성할까?'라는 뜻이에요. '농'(穠)은 '무성하다'의 뜻입니다. 결혼 축하 꽃이 만발

한 모습을 생각하시면 됩니다. '당체지화'의 '당체'는 '棠棣'로도 쓰는데 '당'(棠)은 팥배나무이고, '체'(棣)는 산앵두나무입니다. 주자는 '당체'를 '산앵두나무 체(棣)'로 풀었답니다. 산에 가면 빨간 열매가 조그맣게 열리는 나무가 있어요. '당체'를 어떤 분은 산사나무라고 해석하시기도 합니다. 산사나무 꽃이 아주 아름답게 피거든요. 이렇게 『시경』에 나무 이름이 등장하면 해석이 분분합니다. 저는 그럴 수밖에 없다고 생각해요. 지역에 따라 같은 나무도 생김새가 다를 수 있고 부르는 이름도 달라지니까요.

그다음 '갈불숙옹'(曷不肅雝)의 '갈'(曷)은 '어찌'라는 뜻이지요. 앞서 나온 시(〈토저〉, 〈소성〉)에서 '숙'(肅)은 '빈틈없이', '조심스럽게'라고 풀었어요. 그런데 여기서는 '공경할 경(敬)'으로 풉니다. 시에서는 같은 글자라도 상황에 따라 다르게 해석한다는 점 기억하시고요. '옹'(雝)은 '화'(和)와 통하는 단어로 화락한 모습을 표현하는 말입니다. 시집가는 왕희의 행차가 화려한 만큼 그녀가 남편을 공경하고 시가를 화목하게 하리라는 겁니다. 결혼 장면을 노래하는 시에서는 대개 '경'(敬)과 '화'(和)를 이야기합니다. 여인이 시집가서 시댁 어른을 존중하고 남편을 존경하는 '부도'(婦道)를 행하기를 바라는 것이지요. 이게 결혼 축하시의 기본적인 내용입니다.

지금 우리도 결혼 축하 인사로 '화목하게 잘 살아라'라고 이야기를 하지요.

그다음 '왕희지거'(王姬之車)를 보세요. '왕희'(王姬)의 '희'(姬)는 주나라의 왕족의 성씨입니다. '왕희'는 '왕족인 희씨 여인'으로, 2, 3장을 보면 평왕의 손녀입니다. 그럼 '왕희지거'는 '왕족인 희씨 여인의 수레'가 되겠네요. 지금 천자의 딸이 수레를 타고 제나라로 시집가고 있습니다. 그걸 보는 구경꾼 또한 엄청 많았을 겁니다. 노나라는 성이 희씨인 동성의 제후국이지요. 노나라 땅을 받아 다스린 주공(周公)이 무왕의 동생이었으니까요. 제나라의 제후 집안은 강태공(姜太公)의 후손으로 성이 강(姜)입니다. 송나라의 제후는 자(子)씨입니다. 성이 '자'(子)예요.『논어』를 보시면 위 영공의 부인으로 남자(南子)라는 아름다운 여인에 대한 이야기가 나오는데, 송나라 출신이라 '자'(子) 자가 붙는 겁니다. 이렇게 귀족 여성의 이름 뒤에는 출신국의 성이 붙어서 호칭이 되는 거예요.

천자의 딸이 제후국으로 시집가는 스토리를 담고 있는데, 먼저 주나라의 여성들에 대해서 좀 말씀드리고 시로 돌아가도록 하겠습니다. 무왕이 은나라를 무너뜨리고 주나라를 세웠으니 새 나라의 스토리를 짜야 할 것 아니겠어요?

그것도 아름답게! 그런데 그런 스토리를 위해서는 남자들의 계보를 세워야 하지만, 그에 못지않게 여자들의 계보도 중요한 겁니다. 동양의 인간 관계는 음과 양, 남과 여의 결합인 '부부'에서 시작합니다. 『주역』의 「서괘전」(序卦傳)에 보면 하늘과 땅이 있어야 만물이 생겨나듯이, 남자와 여자가 남편과 아내로 결합해야 거기서 자식이 태어나고, 자식이 태어나야 신하도 되고 임금도 된다는 이야기가 나옵니다. 따라서 주나라에서도 여성들, 특히 왕비들의 계보가 중요했습니다.

이러한 이야기가 잘 정리되어 있는 텍스트가 바로 유향의 『열녀전』(列女傳)입니다. 『열녀전』은 여러 여인들을 '모의'(母儀)부터 '얼폐'(孽嬖)까지 일곱 유형으로 분류하여 정리한 것인데, 첫번째 챕터 '모의'(母儀)의 '의'는 '모범이 된다'라는 뜻으로, 여기에 '주실삼모'(周室三母), 세 여인이 등장합니다. 주나라 건국의 어머니 태강(太姜), 태임(太妊), 태사(太姒)이지요. 이 여인들을 '삼모'(三母)라고 합니다. 태강의 남편은 태왕(太王), 태임의 남편은 왕계(王季), 태사의 남편은 문왕(文王)입니다. 이렇게 건국 과정에 헌신한 여인들의 스토리가 짜여져서 전해집니다. 특히 문왕의 아내 '태사'는 '문모'(文母)라 불릴 만큼 존경을 받았어요. 문왕과 태사 사이에서 난

아들이 무왕, 주공이고요.

그런데 『열녀전』 「모의」에 등장하는 건국의 어머니들 이야기는 『시경』 '아'와 '송'의 자료로 구성한 것이랍니다. 우리가 '아'와 '송'을 읽으려면 아직 한참 남았기 때문에 미리 간단히 말씀드린 겁니다. 그런데 왜 〈하피농의〉를 읽으면서 이런 이야기를 하는가? 바로 주자의 주 때문이지요. 여기서 잠시 주자의 주를 보실까요?

이것은 바로 무왕 이후의 시이니, 어느 왕의 세대인지는 분명히 알 수 없으나 문왕과 태사의 가르침이 오래되어도 쇠하지 않음을 또한 볼 수 있다.

此乃武王以後之詩, 不可的知其何王之世,
차 내 무 왕 이 후 지 시 불 가 적 지 기 하 왕 지 세
然文王太姒之敎 久而不衰 亦可見矣.
연 문 왕 태 사 지 교 구 이 불 쇠 역 가 견 의

우선 주자는 이 시를 문왕, 무왕의 시대와 멀지 않은 시기의 작품으로 봤기 때문에 기원전 693년에 있었던 왕희와 제후의 결혼 기사를 언급하지 않았답니다. 그냥 '어느 왕의 시대인지 알 수 없다'고 넘어간 것이지요. 기원전 693년은 주나라 장왕(莊王) 4년이었습니다. 하지만 주자는 주나라 문왕의 아내 태사의 덕화가 여전히 주 왕실에 남아 있다고 말

합니다. 다음 구절을 볼까요.

② 何彼穠矣 華如桃李 平王之孫 齊侯之子

'하피농의'(何彼穠矣), '어찌 저리 무성할까?'는 1장과 같지요. 그다음 구절은 '꽃이 도리(桃李)와 같다'고 합니다. '도'(桃)는 '복숭아'고요, '리'(李)는 흔히 '오얏 리'라고 하는데, 자두를 말하는 겁니다. '오얏'이 자두인 거죠. 그러니까 꽃이 복숭아나 자두같이 풍성하다는 말이겠죠. 몇 년 전에 나온 영화 중에 「도리화가」(桃李花歌)가 있었는데, 판소리로 유명한 신재효 (1812~1884)가 애인 진채선을 위해 지은 노래가 「도리화가」입니다. 이 시에서 등장하는 '도리'는 화려하게 핀 꽃을 이야기하지만, '인재'를 말할 때도 쓰는 단어입니다. '만문도리'(滿門桃李)라고 하면 문하에 뛰어난 제자가 많다는 뜻이지요.

그다음 구절이 '평왕지손 제후지자'(平王之孫 齊侯之子)라고 나오는데요. '평왕의 손녀, 제후의 아들답도다'라고 해석을 할 수 있어요. 여기에 이르면 주자도 『춘추』에 관련 기사가 있다고 언급을 하지만 바로 "누가 옳은지는 알지 못하겠다"라고 하면서 넘어갑니다. 왜 그럴까요? 주자는 '도'(복숭아)와 '리'(자두)로 결혼하는 남과 여, 두 사람의 이미지를 읽으켰다[興]고 보았는데, 제 생각에는 남자 쪽인 제아(諸兒)가 맘에 걸린 모양입니다. '제아'는 제나라 양공의 이름입니다. 양공이 누군가요. 바로 당시의 국제적 스캔들의 주인공이죠. 제 양공은 문강(文姜)의 오빠였는데, 동생 문강은 노나라 환공(桓公, 재위 BC 711~694)에게 시집가지요. 그런데 문강은 결혼 전부터 친정오빠인 양공과 남녀 관계를 맺고 있었고, 시집간 후에도 지속적으로 밀회를 즐겼던 대단한 여자이지요. 『춘추좌전』 기원전 694년의 기록에 의하면 이 해 여름에 환공은 문강과 함께 제나라로 갔다가 양공과의 불륜 사실을 알게 됩니다. 그러자 문강이 자기 오빠 양공에게 이 사실을 알리고, 양공은 역사(力士) 팽생(彭生)을 시켜 환공의 갈비뼈를 부러뜨려서 죽게 만들어요. 이처럼 국제적 추문을 일으킨 사람이 제 양공이고, 왕희와 제 양공의 결혼이 노 환공이 죽은 다음 해에 거행되었으니, 주자는 이 시를 제 양공과 연결시키고 싶지 않았을 겁니다. 교화론을 중시하는 분이신데…. 그 마음 충분히 이해합니다. 이 양공에게는 동생이 있었는데 바로 훗날의 패자 제 환공이지요. 『시경』을 읽다 보면 이 정도 스캔들은 별거 아닙니다. 다음에 이어질 「패풍」(邶風), 「용풍」(庸風), 「위풍」(衛風), 쭉 기대하셔도 됩니다. 스캔들의 규모가 엄청나거든요.

시로 돌아와서, '평왕지손'(平王之孫)이라는 구절이 나오잖아요? 평왕은 주나라의 천자였어요. 평왕 때부터 동주(東周)시대, 곧 춘추시대가 됩니다. 이때가 기원전 771년 내지는 772년인데요. 이때까지는 서쪽에 있는 호경(鎬京: 지금의 서안 일대)이 주나라의 중심지였는데, 유왕(幽王) 때 견융(犬戎)이 쳐들어오는 바람에 수도를 동쪽 낙양으로 옮기게 되고 동주(東周)가 시작되는 겁니다. 그리고 이 시기를 춘추시대라고 하지요.

③ 其釣維何 維絲伊緡 齊侯之子 平王之孫

'기조유하'(其釣維何)의 '조'(釣)는 '낚시질하다'라는 뜻이죠. 낚시질을 하려면 무엇이 필요하죠? 우선 낚싯대가 필요하겠지요. 그런데, 여기서는 '유사이민'(維絲伊緡)이라고 해서 '낚싯줄'만 이야기를 하네요. '유'(維)와 '이'(伊)는 해석하지 않고요, '사'(絲)와 '민'(緡)만 해석합니다. '사'는 '실', '민'은 '낚싯줄'[緡]이란 뜻이에요. '실을 합쳐서 낚싯줄을 만든다'[絲之合而爲緡]라는 주석이 있지요. 이건 결혼을 의미합니다. 실을 꼬아 낚싯줄을 만들듯이 '남녀가 결합하여 혼인을 이루게 되는 것'[男女之合而爲昏]이지요. 앞의 '남녀지합이위혼'이라는 구문에서 '혼'이 '昏'으로 쓰였는데요. 『시경』에서는 '결혼할 혼(婚)' 자가 '저녁 혼(昏)' 자와 통용되어 쓰였답니다. 마지막 구절인 '제후지자 평왕지손'(齊侯之子 平王之孫)은 앞의 장의 두 구절을 바꾸어 변화를 준 것이지요. 참, 제후 집안의 아들이라고 했으니 '양공의 아버지는 누구지?' 하실 분이 계시겠네요. 제 희공(僖公)으로 양공, 문강, 제 환공의 아버지이지요. 『사기』 권32 「제태공세가」에 의하면 북융(北戎)의 침공을 막아 내고 제나라를 안정시킨 인물이지요. 이렇게 〈하피농의〉는 끝내고, 「소남」의 마지막 시 〈추우〉(騶虞)로 넘어가도록 하겠습니다.

14. 추우騶虞

彼茁者葭 壹發五豝
피 촬 자 가 일 발 오 파

于嗟乎騶虞
우 차 호 추 우

저 무성한 갈대숲, 한 번 화살 쏘아
다섯 마리 암돼지를 잡았네.
아, 추우로다.

彼茁者蓬 壹發五豵
피 촬 자 봉 일 발 오 종

于嗟乎騶虞
우 차 호 추 우

저 무성한 쑥대밭, 한 번 화살 쏘아
다섯 마리 새끼 돼지를 잡았네.
아, 추우로다.

이번에 함께 읽을 시는 「소남」의 마지막 작품인 〈추우〉(騶虞)입니다. '추우'는 동물 이름입니다. '추우'는 『산해경』(山海經)에 등장해요. 『산해경』「해내북경」(海內北經)에 '추우'는 '추오'(騶吾)라고 나옵니다. '크기는 호랑이만 하고 꼬리가 몸보다 길다'고 합니다. 주자는 '흰 호랑이인데 검은 무늬가 있으며 살아 있는 것을 먹지 않는다'고 했습니다. 이 시에서 '추우'로 덕이 넘치는 '제후'를 비유한 것이지요. 하지만 다른 해석도 있습니다. '추'(騶)에는 본래 '마부'라는 뜻이 있고 '우'(虞)에는 '사냥터지기'라는 뜻이 있어요. 그러면 '추우'는 천자나 제후의 전용 사냥터를 관리하고, 그들이 사냥을 나오면 짐승들을 몰아주는 관리가 됩니다. 하지만 주자는 그렇게 풀지 않지요. 「주남」의 마지막 시 〈린지지〉(麟之趾)에 등장하는 '기린'과 마찬가지로 '추우'도 아주 상서로운 동물로 귀족층 남성을 상징하는 것으로 봅니다. 이들이 나라를 잘 다스리고 백성에게 덕을 베풀 수 있는 이유는 무엇일까요? 물론 '문왕의 교화'[文王之化]가 후대까지 미쳤기 때문입니다.

지난 기린을 읊은 시에서도, '기린 같은 발걸음이여! 멋있는 공자로다, 아! 기린이로다'[麟之趾 振振公子 于嗟麟兮]라고 했잖아요? 이 시도 비슷한 내용이에요. 기품 있는 남성이 나오지요. 이 당시엔 사냥을 잘하는 사람들이 멋있게 보였답니다. 거의 스타였지요. 이제 시 구절을 하나하나 보겠습니다.

① 彼茁者葭 壹發五豝 于嗟乎騶虞

1장의 마지막 구절을 먼저 보겠습니다. '우차호추우'(于嗟乎騶虞)는 '아! 추우구나!'라는 뜻인데요. 이 말은 곧 '아! 멋있구나!'라고 감탄하는 겁니다. '우차호' 세 글자가 모두 감탄사입니다. 이 남자가 도대체 뭘 하기에 멋있다고 하는 걸까요? 앞의 구절을 보면서 그 이유를 알아 보죠.

'피촬자가'(彼茁者葭)의 '촬'(茁)은 우선 발음부터가 참 어렵지요. 음이 '줄', '촬', '절', 세 가지인데, 우리 교재(『원본 집주 시전』, 명문당)에는 '졸'로 읽으라고 되어 있군요. 하지만 보통 '촬'로 읽는답니다. '촬'(茁)에는 '무성하게 자랐다'라는 뜻이 있어요. '가'(葭)는 갈대인데, 화살대를 만들지요.

지금 제후 일행이 봄에 무성하게 자란 갈대밭에서 사냥을 하고 있군요. '일발오파'(壹發五豝)의 '일'(壹)은 '하나'라는 뜻이고, '발'(發)은 '발하다', '쏘다'입니다. '백발백중'(百發百中)에도 이 '발'(發) 자를 쓰지요. '일발', 즉 화살을 한 번 쏘니까 다섯 마리의 '파'(豝)가 잡혔대요. 이건 뭐 참새도 아닌데, 화살이 한 번 날아가서 다섯 마리가 잡혔어요. 과장이 좀 심하긴 하죠. '파'(豝)는 사전에 찾아보면 '2살 된 돼지'라고 나옵니다. 돼지가 2살 정도가 되면 다 자라서 잡아먹을 만한 겁니다. 돼지를 표현하는 많은 한자 중에 하나인데요. 사람들이 많이 잡아먹은 동물들은 그 동물을 표현하는 글자의 종류 또한 많은 것을 알 수 있습니다. 보통 돼지를 말할 때는 '돼지 시(豕)' 자를 쓰지만, 이 외에도 돼지와 관계된 단어들은 매우 많지요(파豝, 종豵, 돈豚 등등). 주자는 '파'를 암돼지[牝豕]로 풀었습니다.

또 어떤 동물에 대한 글자가 많을까요? '개'가 많습니다. 지역이름을 붙이기도 하니까요. 『서경』「여오」(旅獒)에 나오는 '오'(獒)는 '서려'(西旅) 지역에서 나는 큰 사냥개랍니다. 소는 어떨까요? 예상 외로 적어요. 소를 희생(犧牲)으로 바치긴 했지만 평소에 많이 먹지는 못한 거지요. 그 다음으로는 '말'[馬]이 많아요. 말은 식용이 아니라 무기였지요. 특히 외국산 말이 많은데, '○○馬'처럼 출생지가 앞에 붙는 경우가 많습니다.

하지만! 식용으로는 역시 '돼지'지요. 이 시에 나오는 '오파'(五豝)를 '다섯 마리의 통통한 돼지'라고 해석하셔도 좋습니다. 한 번 화살을 쏘았는데, 다섯 마리의 돼지를 꿰뚫어 잡은 겁니다. 그러니 '아! 추우로다!', '호랑이처럼 멋있구나!'라고 할 만하지요. 그 용맹함이 호랑이처럼 보였나 봅니다.

② 彼茁者蓬 壹發五豵 于嗟乎騶虞

'피찰자봉'(彼茁者蓬)의 '봉'(蓬)은 쑥을 말하는데, 여기 쑥대밭은 쑥이 우거져 있는 사냥터를 말합니다. '집안을 쑥대밭으로 만들었다'는 말이 있어서 '쑥대밭'으로 번역하기가 망설여지는군요. 그다음 '일발오종'(壹發五豵)의 '종'(豵)은 사전에 '1년 된 돼지'라고 나와 있어요. 도대체 돼지 나이를 어떻게 그리 잘 아는 걸까요? 아무튼 '종'은 새끼 돼지입니다. 이 구절을 직역하면 '한 번 화살을 쏘아 다섯 마리의 종(豵)이로다'라 해서, 동사가 따로 없지만 풀 때는 '한 번 화살에 다섯 마리의 새끼 돼지를 잡았다'라고 하시면 됩니다. '우차호추우'는 '아! 추우로다!', '멋있다'는 뜻이었지요? 『시경』에는 이렇게 멋있는 남성을 향한 시인의 찬미하는 목소리가 많이 들어 있습니다. 불특정 인물이지만 어떤 상황과 스토리를 전하는 '시인'의 등장! 동·서양 문학의 시초에 이런 무명의 '시인'이 있었지요.

나오며 _ 새로운 세상을 위한 '바른 노래'

<추우>를 끝으로 「소남」 14편의 작품 설명이 끝났습니다. 『시경』의 '풍'(風)은 15개의 챕터가 있는데, 「주남」, 「소남」의 25편의 작품을 '정풍'(正風)이라 하고 「주남」, 「소남」을 뺀 나머지 13개의 챕터를 '변풍'(變風)으로 구별하기도 합니다. 무엇을 '정'(正)이라 하고 무엇을 '변'(變)이라 할까요? 정풍과 변풍을 나누는 것은 이전부터 있었지만 특히 강조한 것은 주자입니다. 각 지역에서 유행했던 민요 해석에 교화론적 입장을 적용하는 것인데요. 저는 이 입장에 완전히 동의하기는 어렵습니다. 다만 주자가 왜 이렇게 나누고 평가했는지는 살펴보는 것이 좋겠지요. 주자는 자신의 입장을 이천(伊川) 정이(程頤, 1033~1107) 선생의 말을 빌려 밝히는데요. 이 글을 읽고 가겠습니다. 『논어집주』에서도 그렇고 주자는 자

신의 입장을 이천 선생을 통해 전달하는 방법을 선호하지요. 자신의 학통이 이천 선생에 있음을 공개적으로 밝히는 것이겠지요.

정자가 말하였다. "천하를 다스림은 집안을 바르게 함을 우선으로 하니, 천하의 집안이 바르게 되면 천하가 다스려진다. 이남(二南 : 「주남」과 「소남」)은 집안을 바르게 다스리는 방도이다. 후비부인(后妃夫人)과 대부(大夫) 아내의 덕을 말하였으니 이를 확장하면 사와 서인의 집도 똑같을 것이다. 그러므로 국가로부터 향당에 이르기까지 모두 이남의 음악을 사용하고, 조정으로부터 백성의 마을에서까지 모두 이를 읊조리고 노래하게 한 것은 천하를 교화하여 변화시키기 위해서이다."

程子曰. "天下之治, 正家爲先, 天下之家正,
정 자 왈   천 하 지 치   정 가 위 선   천 하 지 가 정
則天下治矣. 二南正家之道也. 陳后妃夫人大夫妻之德,
즉 천 하 치 의   이 남 정 가 지 도 야   진 후 비 부 인 대 부 처 지 덕
推之士庶人之家一也. 故使邦國至於鄕黨皆用之,
추 지 사 서 인 지 가 일 야   고 사 방 국 지 어 향 당 개 용 지
自朝廷至於委巷莫不謳吟諷誦, 所以風化天下."
자 조 정 지 어 위 항 막 불 구 음 풍 송   소 이 풍 화 천 하

주자는 자신의 '교화론'을 전개하면서 공자가 아들 백어에게 한 말, "「주남」, 「소남」을 배우지 않으면 얼굴을 담장

에 대고 있는 것과 같다"(『논어』「양화」)는 말을 가져옵니다. 그리고 조정에서 잔치할 때도 「주남」, 「소남」이 연주되었고, 동네잔치에서도 연주되어 누구나 듣고 즐기는 레퍼토리(repertory)였다고 합니다. 심지어 귀족 부인의 공간인 '방중'(房中)에서도 연주되었고 노래 불렸다고 합니다. 왜 이런 논리를 펼까요? 그냥 민간가요로 읽고 즐기면 될 텐데요. 여기에는 성리학자들이 문학을 보는 입장, 특히 동양문학을 대표하는 『시경』을 보는 기본 입장이 들어 있습니다. 바로 '수신', '제가'와 연결해서 이해하는 겁니다. 정이천 선생은 '천하의 치(治)'는 집안을 바르게 하는 게[正家] 우선이라고 합니다. '제가', 즉 가족관계가 중요하다는 거죠. 정치의 공간을 집안에서부터 보는 것이고, 집안의 가족생활이 바로 정치라는 것이죠.

이런 맥락에서, 옛날에는 효자를 추천해서 관리로 삼아도 아무도 불만이 없었습니다. 요즘 같으면 아마 효자특혜라고 난리가 나겠죠? 효자를 관리로 선발한 건 한나라 때부터입니다. 동네에서 효자들이 추천 받으면 최종 결선에서 더 센 효자끼리 붙었겠지요? 그렇게 선발된 효자에게 관직을 주었습니다. 과거 시험으로 뽑은 것이 아니라 추천제였어요. 이거 대단한 겁니다.

우리나라에서는 조광조(趙光祖, 1482~1519) 선생이 이걸 주장합니다. 왜냐! 과거 시험을 보니까 부잣집 애들이 유리하다는 거예요. 요새도 그렇잖아요? 옛날에도 그랬지요. 똑같아요. 명문대가에서 전과목 가정교사 들이고 골고루 할 거 다 합니다. 서예 선생, 시(詩) 선생,『사기』(史記) 전문 선생 등등. 과목별로 과외를 붙입니다. '이 지경이니 지방의 인재들이 정계에 진출할 길이 없다! 그렇다면 효자 추천을 하자! 평판을 보고 뽑자!' 조광조 선생이 주장한 과거제를 보완하는 '현량과'(賢良科)이지요. 여기서 '효자 추천'의 근거가 무엇인가? '정가'(正家), 즉 법도가 있는 집안에서 효자가 나온다는 겁니다. 이렇게 '집안을 바로잡는 방법'으로 주자는 '이남'(二南)을 이야기합니다. 그래서 주자는 「주남」, 「소남」을 '정풍'이라고 이름 붙인 것이고, 이후의 작품들을 교화의 수단으로 삼기에는 문제가 있는 '변풍'으로 분류한 것이지요. 그 내용을 보면 교육과 거리가 먼 것도 사실이고요.

그다음으로 '후비의 부인'[后妃夫人]과 '대부의 처'[大夫妻]에 대한 내용이 이어집니다. 「주남」, 「소남」에서 지도자나 상류계층의 아내들이 보여 준 모범과 영향력을 볼 수 있다는 것이죠. 전근대에는 여자의 사회적 역할을 어떻게 보았을까요? 여자들이 지금처럼 사회활동을 하지는 않았지만 남녀관계, 부부관계는 국가를 지탱하는 중심축이지요. 이 부분을 주목했던 겁니다. '정가'(正家)의 한 축이 여성이었지요. 당연하지요. 부부가 꾸려 가는 집안 살림, 교육에 여성의 힘이 대단하잖아요. 후비부인은 영부인, 대부의 처는 장관의 부인 정도 될 텐데요. 이들의 바른 덕이 '사'(士) 계층과 '서인'(庶人)의 집안으로 확장되는[推] 교화의 파급을 기대한 것이지요. 그렇게 되기 위해서는 방국(邦國), 즉 나라에서부터 향당(鄕黨, 마을)에 이르기까지 같은 노래를 연주하고 부르면서 같은 마음가짐을 가져야 하지요. '예'(禮)가 신분적 질서를 유지하는 장치라면 '악'(樂)은 공동체의 동질감을 유지하는 장치이거든요.

「주남」, 「소남」으로 이루는 '대동'(大同) 세상! 이게 바로 '풍화'(風化)입니다. 불어오는 바람처럼 자연스럽게 사람들의 마음과 행동이 변화하는 것이지요. 주자는 『대학』의 '친민'(親民)을 '신민'(新民)으로 푸는데, 바로 '새로운 백성'들이 만들어 가는 새로운 세상을 추구한 것이지요. 「주남」, 「소남」의 끝에서 정이천의 말을 빌려 하고자 한 말의 요지를 정리해 볼까요. '백성들이 자연스럽게 변화할 수 있는 계기'를 만들어 주어야 한다. 그러려면 「주남」, 「소남」의 작품들을 읽고 노래하게 해야 한다. 우리 모두 사람다운 도리를 하며 사는 아름다운 세상은 시로 만들 수 있다. 가능할까요? 주자는 문화가 세상을 바꿀 수 있다고 본 것이죠. 다음 시간부터는 흥미진진한 '변풍'의 세계로 진입하겠습니다.

후기들

『시경 강의』 녹취 후기

김영죽

시작, '듣고 또 듣는' 공부

누군가의 제자임을 자처하는 것은 매우 조심스럽고 또 두려운 일이다. 고전을 공부하는 처지에서, 그 무게감이 남다르게 다가오기 때문인지도 모르겠다. 훌륭한 스승 곁에는 분명 영민하고 밝은 제자들이 있어야 하겠지만, 식견이 깊고 품이 넉넉한 분일수록 정말 다양한 이들이 배우고자 찾아든다. 요컨대, 그 모두가 멋진 제자일 수는 없으며, 나 또한 이들 가운데 하나라는 말이다.

　나는 둔하다. 내용이 무엇이건 간에 몇 번이고 연습을 거친 후에야 간신히 이해하는 느린 사람이다. 그럼에도 감히 '선생님의 제자'임을 자처하고 싶다. 심지어 나는 나이까지 들어 버렸으니, 더이상 '철없는 제자'라는 구실을 낼 수도 없게 되었다. 이럴 땐 눈 딱 감고! 자로(子路)의 용기와 재여(宰予)의 뻔뻔함을 잠시 빌려오기로 한다.

다산의 강진 시절, 그에게 찾아온 더벅머리 소년 황상(黃裳)은, 재주 없고 아둔한 본인이 과연 공부를 할 수 있겠느냐 물었다. 다산의 대답이 더없이 걸작이다. 요약하면 이렇다. "둔하다고 했지? 부지런히 하면 된단다. 융통성이 없다 했지? 부지런히 하면 된단다. 어근버근 답답하다 했지? 부지런히 하면 된단다." 황상은 스승의 글을 베끼고 또 베꼈다고 했다. 그렇다면 나는 밤마다 우응순 선생님의 강의가 담긴 『시경』파일을 듣고 또 들었다고 말할 수 있으려나? 둔하고 느린 제자들이 '자신을 속이지 않고' 공부하는 방법으로 이보다 더 좋은 것은 없으리라.

선생님의 『시경』강의록을 정리하면서 고금을 관통하는 공부법에 아주 조금은 다가간 느낌이다. 참 감사한 일이다.

『시경』으로 부드럽게 착륙하기

『시』(詩), 『서』(書), 『역』(易), 이른바 '삼경'(三經)이라 불리는 동양 바이블(Bible) 삼총사는 전공자들에게마저 난공불락의 텍스트로 유명하다. 너나없이 거칠게 입문해서 상처투성이로 중도이폐(中道而廢)하기 십상인 아픈 텍스트이기도 하다. 이 모든 건, 처음 그 책으로 들어가는 입문자들의 시선을 이끌어 줄 리더의 부재로부터 기인한다. 나름 '절실한 핑계'를 대자면 그렇다.

'시안(詩眼)'이라는 말이 있다. 『시경』 전체가 지닌 '눈'[眼]이 있고, 한 편의 '눈'도 있으며, 몇 구절의 '눈'도 있고, 한 구절의 '눈', 한 글자의 '눈'도 있다. 그리고 그 시를 볼 줄 아는 안목으로서의 '시안'이 있다. 시를 볼 때 어떤 글자에 주목해야 하는가, 맥락에 따라 어떻게 풀어 주어야 하는가에 대해서는 감각적이며 이지적인 접근이 요구된다. 『시경』을 읽을 때 '선생님'의 존재가 꼭 필요한 이유는 바로 이 지점에 있다.

선생님의 『시경 강의』는 어디에서부터 어떻게 읽어야 할지 모르는 초학자들을 위해 친절하게 '시안'을 건넨다. 시에 얽힌 설명을 듣다 보면, 한 여인의 소리 없는 통곡에서 문왕의 교화까지 그 감정의 선을 우리는 어느새 따라가고 있음을 깨닫는다. 『시경』이 꽤 만만치 않은 책임에도 불구하고, 선생님의 강의를 듣는 학인들에게 쉽게 다가오는 이유일 것이다.

출발, 우공이산!

2020년 6월 24일, 우응순 선생님의『시경 강의』를 풀어 읽는 '우공이산' 세미나가 첫 출발을 했다. '우공이산'에는 두 가지 의미가 있다. '우공(愚公)이 산을 옮기듯' 열심히 하자! 그리고 '우공여이산(禹工如移山)', '우 선생님『시경 강의』공부를 산을 옮기듯' 열심히 하자!

이러한 공감대를 바탕으로 '그저 시가 좋아서' 오신 분들부터 선생님께『시경』을 배운 후 다시 강의를 '읽기 위해서' 찾아오신 분들, 『시경』너는 과연 무엇이기에 고전에서 끊임없이 언급되는가?' 궁금해하시던 분들, '시경이 그렇게 유명하다는데, 난 왜 한 구절도 모를까?'라는 자괴감 반 억울함 반인 분들, 학교에서 이미 배웠지만, '책은 책이요 나는 나'인 채로 남겨진 대학원생까지 다양한 이들이 한자리에 모였다.

우리의 깜냥에서 할 수 있는 공부란, 풀어 놓은 녹취록을 정성스럽게 읽고, 각자 결이 다른 감상평을 나누며 즐기는 것뿐이었다. 처음에는 그렇게 어설프게 시작했다. 하지만 1년을 훌쩍 넘겨 '우공이산' 시즌7까지 달려온 지금, 성우도 울고 갈 낭송가, 그리고 열 명이 넘는 시 평론가가 탄생했다. 우공이 산을 옮기듯, 한 삼태기씩 보태며, 우리는 여전히 읽고 또 읽고 있다. 그 시간 속에서, 여럿이 함께 공부하며 사유하는 법을 배운다. 결코, 홀로 갈 수 없는 길이 공부의 길임을 또 배운다. 일주일에 한 번씩 모여 '시'를 듣고 즐기는 동안, 이른바 '우공이산 2.0'으로 진화하는 중이다.

총명한 제자가 되어야 하는 이유

굼뜬 내가, 살면서 가장 기민하게 결정하고 실행했던 일이란, 선생님의 강의를 무조건 풀어 내리라 다짐하고 작업을 진행한 것이다. 앞으로 연이어 나올 『시경 강의』 녹취록을 위해 '귀 밝을 총(聰)', '눈 밝을 명(明)', 이 미션을 사수하지 않으면 안 된다. 시인의 무게, 역사적 쟁점을 없고도 나비처럼 가볍게 날아 강의하시지만, '경경위사'(經經緯史) 그 속에는 씨줄과 날줄처럼 경전과 사료의 교직이 존재하기 때문이다. 그러니, 강의하신 『시경』의 내용을 한 마디도 놓치지 않고 잘 들어야 하고, 한 글자도 틀리지 않게 잘 보아야 한다. '총.명.하.게'. 매 순간 최선을 다해 녹취를 풀고자 하지만, 선생님과 학인들 사이에 감도는 시흥(詩興), 강의실을 꽉 채운 웃음까지 담아내는 데는 역부족이었음을, 앞으로도 이 부분은 여의치 않을 것이라는 점을 미리 고백한다.

나는 여전히 선생님이 어렵다. 항상 따뜻함으로 챙겨 주시지만 나 홀로 공부하는 시간이면 어김없이 서늘한 긴장을 주는 스승이기에 하는 말이다. 함께 공부하는 즐거움이 인생의 지복(至福)이라 생각하시는 선생님께, 제자로서 작은 힘이 되었으면 하는 바람이다.

내 마음에 들어온 노래들

세미나원 신영미

오랜 시간의 세례를 받은 글은 '지금 여기'와 '오랜 과거', 그 세월의 간극을 삭제합니다. 『시경』은 2500년 전 이야기지만, 지금 읽어도 '사람인데! 당연히 이럴 수밖에 없었을 거야!'라는 생각이 들게 합니다. 세미나에 참석하며 제 마음에 들어온 노래를 소개하겠습니다.

마음에 들어온 노래 1. 「주남」⟨권이⟩

"나물을 뜯고 또 뜯는데, 기운 광주리는 차지 않네. 아, 내가 그대를 그리워함이여. 저 큰길가에 광주리를 던져 두네."(采采卷耳 不盈頃筐 嗟我懷人 寘彼周行)

나물 캐는 여인의 노래입니다. 화창한 봄날, 아주머니들이 모여 나물을 캘 때, 누군가가 "엄마!"라고 외치면, 모든 아주머니들이 제 자

---

*이 책은 우응순의 『시경』 강의 녹취를 김영죽이 글로 풀고, 그렇게 마련된 초벌 원고를 ⟨인문학당 '상우'⟩의 '우공이산' 세미나 학인들이 함께 읽고 토론하며 완성되었습니다. 그 현장의 분위기를 담은 학인들의 후기를 수록합니다.

식인가 해서 고개를 돌려 보는 장면이 떠오르는 작품입니다. 여인이 나물을 캐는 이유는 아마도 엄마라서, 자식들을 먹이기 위해서일 것입니다. 이러한 생계 노동은 치밀어 오르는 복잡한 감정을 잠시 잊게 해주는 활동이기도 합니다. 여인은 '그대가 그리워서, 큰길가에 광주리를 던져 버렸다'라 합니다. '그대'는 변방으로 수자리 가 언제 돌아올지 기약 없는 남편입니다. 전쟁이 많았던 탓에, 남자는 남자대로 힘들고 여자는 여자대로 힘들었습니다. 광주리를 내동댕이치는 마음에는 살았는지 죽었는지도 모를 남편을 하염없이 기다리며, 그리움이 커져 생긴 원망이 담겨 있습니다. 기다림 때문에 생긴 원망을 아무도 뭐라 할수 없습니다. 언젠가 남편이 건강하게 돌아와 이 여인이 그리움을 인내하지 않아도 되면 좋겠다는 마음이 듭니다.

내 마음에 들어온 노래 2.「패풍」〈곡풍〉

"경수가 위수 때문에 탁해 보이지만, 그 물가는 맑다네. 그대는 새 여자와 즐기느라 나와 함께하는 것을 달가워하지 않는구나."(涇以渭濁 湜湜其沚 宴爾新昏 不我屑以)

배신은 문학 작품의 단골 소재입니다. 단골이라는 말은 그만큼 흔한 현실임을 의미합니다. 이 노래는 남편에게 버림받은 여인이 불렀습니다. 우리는 내가 사랑하는 사람이 나를 배신하고 다른 사람에게 눈을 돌릴까봐 경계합니다. 인생 경험이 풍부하신 분들은 말합니다. 경계하든 안 하든 어차피 눈 돌리며 주변 보는 건 어쩔 수 없다고. 그러나 대부분 거기까지이니 마음 놓고 있어도 된다고 말입니다. 듣고 보니 맞는 말 같습니다. 그런데 작품 속 주인공에게는 최악의 상황이 발생했습니다. 남편이 눈알 돌리다 그만둔 것이 아니라, 눈알을 아주 뒤집었습니다. 역시! 사랑에 배신이 동반될 수 있음을 부정하고 싶고, 그게 '나'는 아니라고 말하고 싶지만 세상일 아무도 모릅니다.

탁수(濁水)인 경수(涇水)는 나이 들어 버림받은 조강지처고, 맑은 물 위수(渭水)는 남편이 새로 맞이한 아내(신혼)입니다. '아직 물가는 맑은 경수가 탁수 때문에 탁해 보인다'라는 말은 더욱 안타까움을 자아냅니다. 그런데 주인공의 비극이 남편이 나를 배신하고 새 여자와 즐기는 데에만 있는 것이 아닙니다. 어려운 집안으로 시집와서 힘겹게 일군 살림을 두고 쫓겨나는 처지가 된 것이 문제입니다. 남편이야 재수 없었던 셈 치고 인생에서 치워 버리면 되지만, 자신이 증식한 재산은 반드시 찾아 나와야 합니다. 그 재산으로 잘사는 꼴을 볼 수 없습니다. 〈곡풍〉 나머지 구절에는 그 재산을 걱정하는 이 여인의 모습이 등장합니다. 집안을 일으켜 세울 정도의 수완이 있던 여인이니, 어떤 방법을 동원해서든 결국 재산을 찾아왔을 것으로 보입니다. 인생에 공짜는 없습니다. 부당거래한 위수와 능력 없는 전 남편이 어떠한 형태로든 비참함을 맞이했을 즈음, 이 여인은 좋은 운을 만나 유유히 살고 있을 겁니다.

내 마음에 들어온 노래 3. 「패풍」〈북풍〉

> "북풍 싸늘하게 불고, 눈은 펑펑 내리네. 내가 사랑하고 나를 사랑하는 그대, 그대와 손잡고 떠나리라. 늦추고 꾸물거리다, 이미 다급해졌네."(北風其涼 雨雪其雱 惠而好我 攜手同行 其虛其邪 旣亟只且)

『시경』에는 사랑의 도피를 감행하는 청춘 남녀의 이야기가 종종 나옵니다. 그러나 이 작품 속 상황은 그런 단순한 상황이 아닙니다. 싸늘한 바람과 눈 내리는 날씨는 이들이 사는 나라의 정치·경제적 상황을 비유한 표현입니다. 내가 사는 이곳이 살기 힘들어 떠나는 것입니다. 삶의 터전을 떠난다는 것은 어려운 일입니다. 작품 속 화자는 그래도 기대를 갖고 떠날 결단을 미뤄 왔으나 이제는 더 늦출 수 없는 다급한 상황이 되고 말았습니다. 그나마 사랑하고 믿을 수 있는 사람과 같이 떠날 수 있어서 다행입니다.

이 노래는 사랑도 사랑이지만 국가의 소중함을 알게 해줍니다. 국가 간 이동이 잦아진 요즘이라 하지만, 그 이동의 실제는 여전히 경제적인 데서 기인할 때가 많습니다. 아랍, 중동 등의 민주화 사태는 그 이면에 경제의 문제가 깔려 있습니다. 삶의 질과 사회 안전망과 관련한 지표에서 하위권을 기록하는 우리나라지만, 객관적으로는 세계 대부분의 나라보다 살기 좋은 것이 사실입니다. 우리는 작품 속 상황처럼 사람을 떠나보내기보다, 떠나온 사람을 받아들이는 역할을 하게 될 것입니다. 다민족, 다문화 국가로 나가는 일은 피할 수 없게 될 것으로 보입니다. 여기에 따른 부작용을 어떻게 하면 최소화 할지, 이 작품을 읽으며 고민해 봅니다.

처음에는 전공자로서 좀 더 많은 작품을 읽어 본다는 데 의의를 두고 참여한 세미나였습니다. 그러나 2500여 년 전의 사람들과 지금의 우리가 겹쳐지는 지점을 점점 발견하며 '이래서 고전을 읽고 문학을 읽는구나!'를 처음으로 느끼게 되었습니다. 이러한 강의가 있었던 것, 그 목소리를 텍스트로 만들어 주신 분이 계시다는 것, 그리고 매주 목요일마다 빠지지 않고 만나 마음을 나눠 준 분들이 계시다는 것에 감사합니다.

———————

우공이산 세미나 후기 ②

나를 부르는 소리, "외우세요, 여러분~"

세미나원 정은수

"외우세요~ 여러분."

우응순 선생님의 "외우세요 여러분" 하는 말이 들리면 제 머릿속에 늘 영화처럼 떠오르는 장면이 있어요. 제가 '국민학생'이던 시절 이야기입니다. 선생님께서 시조를 조사해 오라는 방학숙제를 내주셨어요. 엄마가 어려운 살림에도 불구하고 사 주신 책 중에 한국위인전기 전집이 있었는데 방학 동안 두툼한 책 12권을 한 장 한 장 넘기며 시조가 나오면 공책에 차곡차곡 베껴서 가져갔어요.

개학을 하니 시조 외우기 대결을 시키셨는데 팀별로 돌아가면서 시조를 외우는 방식이었죠. 시조 외우기 배틀이죠. 결과는 뭐 보나마나 제가 속한 팀이 압승. 세 줄짜리 시조야 서너 번 읽으면 사진 찍듯 술술 외우던 나이였으니 상대 팀 두어 명이 암송하는 시간이면 시조 한 수 후딱 외워서 우리 팀 차례에 암송할 수 있었지요. 세미나에서 강의록 읽으면서 "외우세요 여러분" 하는 말이 나오면 그때 생각이 납니다. 그때처럼 줄줄 외우고 싶지만 지금은 그렇게는 안 되더라구요.

하지만 지금은 선생님의 강의록을 여럿이 같이 읽고, 각자의 생각과 느낌을 말해 보고, 그 시의 주인공이 되어 그 마음을 상상해 봅니다. "어땠을까?", "왜 그랬을까?" 하고 서로 물어보고 "이래서 그랬을 거야." "그래?", "나는 저래서 그런 거 같은데" 하고 앞다투어 이야기 나누며 마음속 깊이 시를 느껴 봅니다. 이러다 보면 언젠가 온몸을 채우고 흘러 넘쳐 입에서 술술 나오지 않을까 기대도 해보구요.

"시 한 편 공부하고 나면 열 번은 소리 내어 읽으세요. 『시경』은 '시'니까요, '노래'니까요, 몸에 서서히 스며들게 외우시면 좋습니다"라고 하시는 선생님 목소리. 저는 지금도 내일 있을 『시경』 세미나를 기다립니다.